영상으로 엮은 초등교과

우리 반 아이들은 크리에이터

섬마을 선생님의
프로젝트 수업 이야기

이 도서의 국립중앙도서관 출판예정도서목록(CIP)은 서지정보유통지원시스템 홈페이지
(http://seoji.nl.go.kr)와 국가자료종합목록 구축시스템 (http://kolis-net.nl.go.kr)에서 이용
하실 수 있습니다. (CIP제어번호 : CIP2019047958)

영상으로 엮은 초등교과

섬마을 선생님의 프로젝트 수업 이야기

초판 1쇄 발행| 2019년 12월 11일

지은이| 박오종

발행인| 김병주
출판부문 대표| 임종훈
주간| 이하영
편집| 신은정
디자인| 지수
마케팅| 박란희
펴낸 곳| (주)에듀니티(www.eduniety.net)
도서문의| 070-4342-6110
일원화 구입처| 031-407-6368 (주)태양서적
등록| 2009년 1월 6일 제300-2011-51호
주소| 서울특별시 종로구 인사동5길 29 태화빌딩 9층

ⓒ 박오종, 2019

ISBN 979-11-6425-043-1 93370
CIP2019047958
값은 뒤표지에 있습니다.

영상으로 엮은 초등교과

우리 반 아이들은 크리에이터

박오종 지음

섬마을 선생님의
프로젝트 수업 이야기

에듀니티

아이들에게 크리에이터라는 날개 달아주기

이름: 이현지 ▷   충현초등학교 선생님, 경기도교육청 홍보대사

손가락 터치 몇 번이면 누구나 멋진 영상을 만들 수 있는 시대다. 영상 콘텐츠는 소비자와 생산자 사이의 벽이 이미 무너졌다. 많은 사람이 자신의 이야기를 영상에 담아내고 있으며, 나 또한 유튜브에서 '달지'라는 닉네임으로 채널을 운영하며 아이들과 다양한 도전을 해보는 중이다.

하지만 여전히 '1인 미디어 시대'라는 말이 귀에만 익숙할 뿐, 삶으로 와닿지는 않는 선생님들이 많이 계실 것 같다. 요즘 아이들은 스마트폰과 만나자마자 만들어지는 본인만의 유튜브 채널과 함께, 정말로 1인 미디어 시대를 살아가고 있는데 말이다. 만약 오늘날 아이들에게 교실에서 크리에이터가 되어볼 기회를 선물할 수 있다면, 그 경험은 얼마나 소중하고 값질까?

이 책을 읽으며 세상에 얼마나 멋진 선생님이 많은지 새삼 깨달았다. 세상이 선생님들을 교실에만 가두려 하지 않기를, 빠르게 변화하는 세상 속에 직접 나아가 도전하며 아이들을 끌어주는 선생님들이 더욱 많아지기를 바란다.

댓글 추가..

이름: 신원균

사단법인 참행복나눔운동 총괄이사
청소년포상제 포상담당관

인터넷이 보급되기 전에는 웅변학원이 성황이었다. 재미있게 말을 잘하는 친구들의 인기가 좋은 덕이었다. 지금도 주변을 살펴보면, 그때처럼 자기표현 잘하는 친구들의 인기가 많다. 초고속 인터넷이 우리 생활 속으로 들어오면서부터 자기표현의 방식이 예전보다 훨씬 다양해지기는 했지만 말이다.

오늘날 소셜네트워크서비스(SNS)는 가장 인기 있는 자기표현 수단이다. 어린아이부터 연세 지긋한 어르신까지 전 세대 모두가 손 안의 폰으로 일상과 생각을 공유한다. 그런데 우리 청소년들은 대부분 자기 생각을 글과 말로 표현하기를 많이 힘들어한다. 아니, 참 싫어한다. 어떻게 하면 아이들에게 표현하는 기쁨을 알려줄 수 있을까, 좋은 방법이 없을까? 그렇게 고민하던 차에 이 책을 보았다.

요즘 친구들은 엄마 배 속에서부터 동영상을 시청한다. 게다가 누구나 언제, 어디서나 녹음하고 촬영할 수 있는 손 안의 방송 장비(스마트폰)도 갖고 있다. 이 장비로 하고 싶은 이야기를 마음껏 쏟아내는 방법, 그 방법을 가르치는 길이 책 안에 있었다. 그것도 국어와 수학, 사회와 과학,

거기에 더해 미술 , 도덕, 체육, 실과까지 학생들이 꼭 배워야만 하는 교과목들을 재미있게 공부할 방법과 함께.

우리 삶에 꼭 필요한 교과목들을 체험 학습으로 흥미롭게 가르치고 싶다면, 아이들에게 새로운 시대에 걸맞은 자기표현 방식을 제대로 가르치고 싶다면, 꼭 읽어봐야 할 책이다.

 댓글 추가..

교육 영상 제작에 관심이 있다면, 프로젝트 수업에 도전하라!

이름: 조정자 ▷ 　　　　　　　　　　　전라남도 광양교육지원청 교육장

같은 초등학교에 근무할 때, 6학년 학생들의 졸업 영상을 찍겠다며 카메라와 함께 학교를 휘젓던 박오종 선생님의 모습이 여전히 눈에 선하다. 그때부터 지금까지 내가 지켜본 박오종 선생님은 항상 새로운 일에 거침없이 도전하는, 열정 가득한 선생님이었다. 이 같은 성향 덕분에 프로젝트 수업, 그것도 초등교사에게는 낯설게 느껴지는 영상 제작 프로젝트 수업을 지금처럼 훌륭히 잘해낼 수 있었으리라.

교육 혁신의 핵심은 어디까지나 교실 수업의 변화에 있다. 학생들이 즐겁게 수업에 참여할 때 비로소 의미 있는 변화가 일어나기 때문이다. 학생들이 직접 영상을 만들게끔 만드는 박오종 선생님의 프로젝트 수업은 영상 속 아이들을 웃게 만들었다. 그 웃음에서 전남교육의 가치를 느꼈다.

지난 시간, 박오종 선생님이 열정적으로 수행한 영상 제작 프로젝트 수업 이야기를 이렇게 한 권의 책으로 만나니 감회가 새롭다. 이 책에는 선생님과 학생들이 힘을 합쳐 촬영하고 편집한 영상의 QR코드뿐만 아니라 개별 영상에 얽힌 뒷이야기까지 실려 있다.

영상과 함께 글을 읽어나가다 보면 즐겁게 촬영하고, 또 편집하는 노화북초등학교 6학년 교실의 모습이 머릿속에 자연스럽게 그려진다. 남들이 쉽게 다가갈 엄두조차 못 내는 어려운 길에 선뜻 발길을 내딛은 박오종 선생님의 수고에 박수를 보낸다.

더불어 지식과 경쟁만 강요하는 기존 교육의 틀에서 벗어나 다양한 주제로 활동하며 배운 가치는 아이들의 가슴속에서 알록달록한 꿈으로 피어날 것이다. 이처럼·중요한 가치를 탐구하고 자신의 생각을 표현하는 수업은 미래 사회를 살아갈 우리 학생들에게 아주 중요한 역량을 키워주리라. 이런저런 다양한 시도는 한 아이도 포기하지 않는, 전남교육을 뒷받침하는 작은 걸음이다. 앞으로도 선생님의 도전을 응원한다.

 댓글 추가..

2019년 노화북초등학교 6학년들

머털도사_김평정
영상을 처음 만들 때 형이 많이 도와줬는데, 수업을 계속하면서 이제 나도 직접 편집할 수 있다. 내가 만든 영상으로 상을 탔을 때 가장 보람찼다.
30분 전 · 👍 👎 ☰

민샌듀_김민정
수업을 열심히 받았을 뿐인데 상도 많이 받았다. 우리 반 12명의 친구들이 자랑스럽다. 많은 도움을 주신 선생님께도 감사하다!
40분 전 · 👍 👎 ☰

주니_김준휘
혼자 영상을 만들 때는 찍는 것도 어렵고 편집도 잘 몰랐는데, 친구들과 함께 하니 재미있기도 하고 혼자 만들 때보다 더 잘 만들 수 있었다.
48분 전 · 👍 👎 ☰

초록외계인_조믿음
프로젝트 수업으로 영상 만들기가 처음에는 서툴러서 어려웠지만, 친구들이 많이 성장한 것 같다. 우리가 나온 여러 영상이 소중한 추억으로 남을 것 같다.
52분 전 · 👍 👎 ☰

민지요정_허민지
영상 편집으로 수업을 받으면서 학교가 재미있어졌다.
1시간 전 · 👍 👎 ☰

유자_김태완

바다식목일 기념식에서 많은 사람 앞에서 노래를 불렀던 일이 기억에 가장 남아 있다.

1시간 전 👍 👎 🗐

디스커버리_장원호

크로마키로 배경을 내 마음대로 바꿀 수 있었다. 배경에 따라 새로운 이야기 영상을 만들 수 있어서 신기하면서 재미있었다.

2시간 전 👍 👎 🗐

ㄴㄹr왕댜_김나라

예전에는 틱톡만 찍었는데, 뉴스를 만들면서 영상은 먼저 계획을 세운 다음 대본을 쓰고 찍는다는 사실을 알 수 있었다.

3시간 전 · 👍 👎 🗐

회균단_최윤찬

평소에 구경만 하던 유튜브에 내가 만든 영상이 나오니까 신기했다. 앞으로 영상 크리에이터가 되고 싶다.

5시간 전 👍 👎 🗐

핑크공룡_최예은

영상을 찍으며 책에서는 배울 수 없는 다양한 주제로 많은 것을 배워서 기분이 좋았다.

8시간 전 · 👍 👎 🗐

수용공듀_이수용

만들고 싶어도 어떻게 영상을 만들어야 하는지 몰랐는데, 선생님 수업 덕에 배울 수 있었다.

9시간 전 · 👍 👎 🗐

요정하령_최하령

처음에는 카메라가 나를 쳐다보는 게 부끄러웠는데, 자꾸 출연했더니 창피함이 없어지고 당당해졌다.

12시간 전 · 👍 👎 🗐

1인 미디어 시대의 교실과 수업

오후만 되면 다른 학생들은 모두 과외하러 사라지던 대학 시절, 나는 '공교육을 책임질 예비 초등교사가 사교육으로 돈을 벌 수 없다'는 핑계로 단 하나의 과외도 하지 않는 특이한 교대생이었다. 그렇다고 아무 일도 하지 않은 것은 아니고, 나를 예쁘게 봐주신 교수님 덕에 근로장학생으로 일했다.

한 학기 꼬박 교수님 방을 청소하고 난 뒤, 내 손에는 30만 원 남짓의 현금이 쥐어졌다. 나름 큰돈이었지만 손에 쥐고 있다가는 곧 사라질 듯했다. 그래서 당시 막 나오기 시작하던 디지털 카메라를 덥석 구매했다. 300만 화소에 1.5인치 화면을 지닌, AA건전지 4개를 넣어야 하는 디지털 카메라였다.

내가 디지털 카메라를 마련한 2004년은 마침 휴대폰에 카메라가 달려 나오기 시작하던 때였다. 갓 제대할 무렵에는 아이폰을 시작으로 이런저런 스마트폰이 출시됐다. 이때부터 카메라가 조금씩 디지털화, 보편화되더니 개인이 찍은 디지털 사진이 범람하기 시작했다.

지금은 개인이 찍은 사진을 뛰어넘어, 개인이 편집한 영상이 넘쳐나는 시대다. 영상 미디어가 이 시대의 문법이라고 해도 무방할 정도다.

오죽하면 교육부가 조사한 2018년 초중등 진로교육 현황조사에서 인터넷방송 진행자가 운동선수, 교사, 의사, 요리사에 이어 장래희망 5위를 차지했을까. 크리에이터는 아이들에게 이미 하나의 롤모델로 확고히 자리 잡았다.

옛날에는 가족이 거실에 모여 하나의 프로그램을 시청했지만, 오늘날에는 각자 스마트폰으로 보고 싶은 영상을 원하는 때에 찾아본다. 유튜브뿐만 아니라 페이스북, 인스타그램에서도 다양한 영상이 쏟아진다. 이렇게 영상이 범람하는 이유는 무엇일까?

십수 년 전까지만 해도 개인의 일상을 기록하는 수단은 주로 글이었다. 아주 오래전에는 종이와 연필이었고, 인터넷 시대에 접어들면서는 블로그로 바뀌었다. 하지만 지금은 많은 사람이 블로그 대신 브이로그(Video+Blog)로 일기를 대신한다. 누구나 동영상 녹화가 가능한 스마트폰을 들고 다니니 가능한 일이다. 이런 상황을 학교에서 활용할 방법은 없을까?

지금이야 그렇지 않지만, 학생들이 처음 스마트폰을 들고 학교에 왔을 때 교실에서는 알레르기 반응을 보였다. 아침에 등교하자마자 스마트폰을 모두 걷고, 하교할 때 다시 나눠줬다. 혹시 몰래 사용하다 들키면 압수했다. 그러나 억누르려고 하면 할수록 반작용으로 욕구만 더 커질 뿐이다. 그래서 요즘은 아예 수업 안으로 스마트폰을 끌어들인다. 정보를 검색하고 수업 산출물을 만드는 데 적극 이용하는 것이다. 나의 영상 제작 수업도 이 같은 맥락에서 시작됐다.

더불어 학생 참여형 수업과 과정 중심 평가가 주축인 2015 개정교육과정에 따르면, 교사는 학생이 주도적으로 참여함으로써 학습문제를 해결하도록 수업을 설계하고, 수행의 과정을 평가함으로써 학생의 성장을 도와야 한다. 즉, 학생이 미래 사회에 꼭 필요한 핵심역량을 키우게끔 교육과정을 구성해야 한다. 그러려면 수업이 단순한 지식의 전달에 머물러서는 안 된다.

이에 영상 제작 프로젝트 수업 중인 초등학교 교사의 입장에서, '보다 나은 수업 방식을 고민하며 몸부림치는 여러 선생님께 도움이 될 수 있지 않을까?' 하는 마음으로 이 책을 쓰기 시작했다. 영상을 만들 수 있으면, 수업은 지금보다 훨씬 재미있어질 수 있기 때문이다.

게다가 영상 제작 프로젝트 수업에서는 재미를 뛰어넘는 의미도 찾

우리 반 아이들은 크리에이터

을 수 있다. 만약 학교 수업에서 조별 과제 산출물을 영상으로 만들 수 있다면 어떨까? 정보의 전달뿐만 아니라 적용과 실천까지 영상으로 확인할 수 있지 않을까? 그뿐만이 아니다. 영상 제작은 학교의 각종 캠페인, 계기교육 등에도 활용할 수 있다.

"복도에서 뛰지 마라, 급식 남기지 마라."

입 아프게 잔소리하는 대신 학생들과 함께 영상을 만들어보라. 학생들은 자연스럽게 영상의 주제를 배우고, 이해하면서 자라난다.

영상을 제작한다고 해서 특별히 대단한 장면을 찍을 필요는 없다. 학교에서의 일상을 영상으로 기록하는 것부터 시작하는 것도 좋다. 어떤 날은 애국주회, 또 어떤 날은 체육시간. 오늘은 급식실에서, 내일은 미술시간에. 다양한 장면을 영상으로 기록해놓으면 언젠가 꼭 적절하게 써먹을 만한 순간이 찾아올 테니까.

참고로 나는 새 학년 첫날, 아이들 앞에서 자기 소개할 때도 영상을 활용한다. 내 얼굴을 여러 세계 유명 인사에 합성해서 보여주는 것이다. 솔직히 초롱초롱한 눈망울들 앞에서 스스로를 소개하는 것은 10년 차인 지금도 가슴 떨리는 일이다. 그럴 때 재미있는 영상은 분위기를 화기애애하게 만드는 데 아주 많은 도움이 된다.

이 책이 독자에게 큰 가르침이나 인생의 전환점을 만들어줄 것이라 기대하지는 않는다. 그저 이제까지의 내 프로젝트 수업 활동에서 자그마한 아이디어라도 얻어서 다른 선생님들의 이런저런 활동에 보탬이 되기를 바랄 뿐이다.

차례

1

사진에서
영상까지

고백을 담는 마음상자

내가 대학생일 때만 해도 지금처럼 카메라가 흔하지 않았다. 우리 집도 마찬가지였다. 카메라라곤 20년도 더 된 자동 필름 카메라 하나뿐이었다. 그런데 1학년 과학 교육 수업 과제가 천체 사진 찍기였다. 나는 과제 핑계로 니콘 수동 필름 카메라 FE10을 마련했다. 카메라에 대해 하나도 모르는 상태에서 그저 예쁘고, 있어 보여서 산 카메라였다. 그때도 지금처럼 수동 필름 카메라는 아날로그 감성 그 자체를 상징했으니까.

당연히 곧 문제가 생겼다. 도통 다루는 법을 알 수가 없었다. 장님 코끼리 짚듯이 무작정 더듬더듬 이리저리 찍어볼 따름이었다. 당시 내 주변에는 수동 카메라 조작법을 물어볼 만한 사람도 없었다. 지금이라면 그냥 감도 높은 필름 넣고 밤에 일주 사진이라도 찍었을 텐데, 그때는 그런 방법을 몰랐다.

결국 표준 줌렌즈 하나로 겨우 찍은 흐리멍덩한 달 사진 한 장만 덜렁 제출할 수밖에 없었다. 당연히 점수 또한 처참했다. 그러자 오기가 생겼다. 나는 '대체 사진이 뭐야?'라는 마음으로 이번에는 디지털 카메라를 샀다. 필름 사진은 바로 확인하기도 어렵고 인화에 돈이 들었기 때문이다.

나는 디지털 카메라를 들고 다니면서 길가에 주차된 자동차, 집에 있는 피아노처럼 사람들이 큰 관심 없이 스쳐지나가는 사물들을 사진에 담았다. 그러면서 찍는 사람이 의미를 담으면 작품이 된다는 사실을 느꼈다. 작품의 의미를 알아차리는 사람이 나밖에 없더라도 말이다.

철저히 싸이월드 감성(오늘날로 치면 인스타 감성?) 사진들로 미니홈피 페이지를 늘려가며 내 시선은 자연스럽게 사물에서 사람으로 옮아갔다. 먼저 가까운 사람들부터 카메라에 담았다. 어떻게 하면 잘 찍을 수 있을지 고민에 고민을 거듭하며 학교 친구들과 동아리 사람들의 모습을 사진으로 옮겼다. 그 과정에서 카메라의 특성을 점차 이해하고, 셔터 스피드와 조리개, 감도에 대해 머리가 아닌 감각으로 체득해나갔다.

이 와중에 다른 사람들에게도 하나둘 사진기가 생겼다. 바로 휴대폰 카메라였다. 초창기에는 휴대폰에 꽂아 쓰는 형태였는데, 언제부터인지 카메라가 본체에 붙어서 나오기 시작했다. 카메라가 디지털화, 보편화되면서 개인이 찍은 디지털 사진이 넘쳐났다. 나 역시 내 인생의 첫 번째 디지털 카메라와 함께 대학 시절에만 1만 장이 넘는 사진을 찍으며 이 디지털 사진의 물결에 올라탔다.

사진을 잘 찍으려면 많이 찍는 것도 중요하지만 무엇보다 피사체에 대한 애정이 중요하다. "피사체에 대한 애정이 없으면 절대 좋은 사진을 찍을 수 없다"는 말은 내 입버릇이기도 하다. 애정을 갖고 상대방의 아름다움이 카메라에 포착되길 기다려야 좋은 사진을 찍을 수 있기 때문이다.

그래서 대학 시절이나 지금이나 나는 주로 사랑하는 사람들의 얼굴을 찍는다. 그 덕분에 내 사진에는 자신이 얼마나 아름다운 존재인지 모르는, 소중한 사람들과의 한때가 붙박인다. 낯간지러운 칭찬을 잘하지 못하는 내 성격에, 차마 입으로 하지 못하는 고백을 사진에 담는 셈이다.

토탈 공연 기술자로 거듭난 대학 시절

대학 시절 내가 사진을 가장 많이 찍은 곳은 아마 중창 동아리가 아닐까 싶다. 솔직히 중창을 좋아하거나 노래를 잘해서 가입한 동아리는 아니었다. 신입생 때 선교 단체에 가입하면서 율동 또는 중창 동아리 중 하나는 의무적으로 들어가야 하는 줄 알고 가입한 동아리였다. 원체 춤과는 거리가 멀었던지라, 중창단 가입에 별다른 고민은 없었다.

중창 동아리는 매주 토요일 피아노 연주와 함께 연습했는데, 나는 이 연습에 꼬박꼬박 참여했다. 선교 단체 내부 동아리다 보니 종교 특성상 주로 아름다운 화음과 밝은 분위기의 노래를 불렀는데, 그 포근함이 좋았다. 춤보다 나을 뿐이지 노래에도 그다지 자신 있는 편은 아니었는데, 낮은 음역대인 베이스 파트를 맡은 덕에 고음에 대한 부담이 없어 생각보다 잘했던 것 같다.

중창 동아리에서는 겨울방학마다 연중행사로 발표회를 열었다. 1년 동안 준비한 곡들로 하는 공연이었다. 그런데 공연에는 무대 연출에 쓰이는 반주 음악 편집과 연습 과정 사진으로 만든 메이킹 필름이 필요했다. 공연 사이사이 의상 갈아입을 시간을 벌거나 또는 분위기를 고조시키기 위한 영상도 필요했다. 여기에 더해 공연 실황 녹화로 기록물도 남겨야 했다.

나는 아무도 시키지 않았지만 음악 편집, 사진 편집, 영상 제작 등 필요한 기술을 혼자서 배워 익혔다. 한 학기 동안 교양과목으로 관련 수업도 듣고, 인터넷으로 정보도 모았다. 솔직히 수업보다는 인터넷 검색과 온라인 커뮤니티에 더 큰 도움을 받았다. 모르는 기능은 커뮤니티에 질문해가며, 중창단의 공연 실황 녹화에 필요한 기술을 차근차근 익혀나갔다.

음향 장비 설치와 공연 준비도 내 몫이었다. 사실 중창단 공연은 일회성이 아니었다. 발표회뿐만 아니라 다른 공연도 많았다. 찾아오는 사람이 없으면 찾아가서 공연하기도 했는데, 실내외를 가리지 않았다. 안팎은커녕 낮밤도 가리지 않았다.

일단 중창단 공연이 결정되면, 봉고차에 스피커와 앰프, 마이크를 싣고 달려가 뚝딱 공연 장비를 세팅했다. 평소 기계 다루기에 자신이 있었기에, 나는 이런 과정이 매우 즐거웠다. 갑작스러운 돌발 상황 앞에 문제를 해결하기 위해 이리 뛰고 저리 뛰는 일까지 말이다.

우리 반 아이들은 크리에이터

한 번은 이런 일도 있었다. 공연 전날, 배가 아파 병원에 들렀다가 급작스레 맹장 수술을 받은 날이었다. 나는 회복실에서 눈을 뜨자마자 중창단 단장님께 전화를 걸었다.

"○○병원, 310호."

마취가 채 풀리지 않아 혀가 꼬여 있음에도 전화를 걸 수밖에 없었던 까닭은, 다음 날 공연의 반주 음원 파일을 나만 가지고 있었기 때문이다.

이 무렵 나는 방송 장비 책도 사서 읽고, 공연장에서 장비 점검 중인 엔지니어를 훔쳐보기도 했다. 지금 생각해보면 마치 중창단 활동을 하러 대학에 다녔던 것 같다. 노래보다는 이런저런 기기에 관심이 훨씬 더 많았지만 말이다.

박오종은 컴닥터

대학 졸업 후 처음으로 발령 받은 학교에서 나는 '정보' 업무를 맡았다. 학교에서 '정보'라 함은 전기가 통하는 모든 것, 컴퓨터로 하는 모든 것을 통칭한다. 당시는 전자문서 시스템 도입 초창기로 정보공시나 ICT교육 같은 일들을 처음 공문으로 처리하던 시기였다.

여담이지만, 학교는 정보화되면서 일이 더 많아진 느낌이다. 기존 공문의 양이 하루 1건이었다면, 공문을 컴퓨터로 작성하면서부터 양이 기하급수적으로 늘어났달까. 최근에는 정말 공문이 100건 가까이

내려오는 듯하다. 전자문서 시스템 도입 이전에 한 사람이 하루에 처리하는 업무량이 10이었다면, 이제는 모두 50은 기본이고, 100씩 처리해야 하는 경우도 종종 있다.

어쨌든 갓 대학을 졸업하고 바로 사회에 나온 나에게 선배 선생님들은 많은 것을 바라지 않았다. 다만 컴퓨터나 기타 전자기기 조작이 선배 선생님들에게는 조금 어려우니, 그런 일 위주로 도움을 바라는 경우는 종종 있었다.

수업에 컴퓨터가 도입되면서 특히 출동할 일이 많아졌다. 학교에서 신경 써야 할 기기는 컴퓨터뿐만이 아니지만. 스피커, 대형 프로젝션 TV, 빔 프로젝터, 프레젠테이션 리모컨, 실물 화상기, 프린터 등. 학교에는 생각보다 관리해야 할 기계가 많다.

3시까지는 수업을, 그 뒤 시간은 학교를 돌며 선배 선생님들이 이야기한 기기 문제를 해결했다. 이때 정말 다양한 증상과 문제를 해결했는데, 어떤 증상이든 간에 기기 문제를 해결하는 방법은 의외로 간단하다. 90% 이상의 문제는 전원이 제대로 들어와 있는지 확인하는 것만으로 문제가 해결된다. 선이 느슨해지지는 않았는지, 멀티탭은 빠지지 않았는지. 전원에 이상이 없다면 기기를 껐다 다시 켜보라.

그래도 문제가 안 풀린다면, 화면에 출력된 오류 메시지를 3회 정독하자. 시키는 대로만 하면 대부분의 문제가 해결된다. 여전히 해결이 안 된다면? 소프트웨어 오류나 하드웨어 고장을 의심할 수 있다. 이때는 약간의 기술과 지식이 필요하다.

이렇게 전자기기 A/S 기사 같은 나날을 보내다 보니 언제부터인가 학교에 "박오종 이름만 들어도 컴퓨터가 알아서 고쳐진다"는 소문이 돌았다. 그 뒤 나는 전자기기가 이상하다는 전화가 오면 다른 선생님들에게 우스갯소리로 이렇게 말하곤 했다.

"기계에게 박오종을 데려온다고 말씀해보세요."

첫 부임지에서 나는 방송반 운영 관리도 맡았다. 방송반을 운영하는 학교는 아니었지만, 한 달에 한 번 정도는 방송실에서 생방송으로 전교에 방송을 틀었다. 주로 교장선생님 말씀이나 상장 수여가 방송 내용이었다. 다목적실 행사 시에도 교실로 중계방송을 했다. 매번 카메라 세팅이나 오디오 출력처럼 챙겨야 하는 부분들이 있었는데, 학교 전체에 방송 송출하는 메인 시스템을 내 마음대로 만질 수 있어서 재미있었다.

중창 동아리 활동 중에도 1,500명가량의 사람이 모인, 정말 큰 집회에서 내가 메인 음향 엔지니어를 맡은 적이 있었다. 내 키만 한 너비의 메인 콘솔을 담당해 30개가 넘는 채널을 직접 관리했다. 마이크 설치부터 음량 조절까지 모두 다 내 몫이었다. 이런 경험이 확실히 방송반 운영 관리에도 도움이 되었던 듯하다. 예를 들어, 대학생 때는 마무리 집회 공연에서 출력을 잘못 조절해 스피커를 고장 내고, 그 뒤로 한참이나 마음고생을 했는데, 방송반 운영 시에는 그런 일이 없었다.

더불어 그때까지 내 관심과 지식은 오디오에만 편중돼 있었는데, 방송실 관리를 계기로 비디오 방송에 대해서도 배울 수 있었다. 이후 학교에 빔 프로젝터가 보급되면서 행사 시에는 빔 프로젝터와 비디오카메라를 챙기고, 설치하고 운영하기도 했다.

사진과 영상이 방울방울, 추억으로 가득한 졸업식

스마트폰과 디지털 카메라의 홍수 속에 1인 1카메라 시대가 열리면서 공문에도 UCC라는 말이 등장하기 시작했지만, 사진만 찍던 나에게 영상 촬영은 어쩐지 어색한데다 쓸 만한 영상을 찍을 장비도 마땅치 않아 관심 밖의 대상이었다. (DSLR은 너무 무거웠고, 스마트폰의 화질은 카메라에 비할 수 없을 정도로 떨어졌다.)

이 무렵의 동영상 파일은 용량이 너무 큰데다 화질 또한 지금처럼 우수하지 않았다. 당연히 많이 사용되지도 않았다. 나 역시 동영상을 만들 때는 주로 사진 엮기라는 방법을 사용했다. 사진을 하나하나 불러들여서 이어주고, 전환 효과도 넣으며 손품을 파는 방법이다. 1분짜리 영상 만들기에 1시간 정도 시간이 필요하다.

당시 나는 6학년 담임이었다. 사진을 찍으면 자연스레 주변을 담게 되는데, 자연히 가르치는 학생들을 많이 찍었다. DSLR 카메라를 들고 다니며 우리 반 아이들의 사진을 찍고 또 찍었다. 학기 중에는 행사가 계속 이어지므로 체험학습, 운동회, 수학여행 등 매순간이 포토타임이었다. 그렇게 찍은 사진들은 인화지로 인쇄해 학급 뒤에 걸어두곤 했다.

처음에는 부끄러워 어쩔 줄 몰라 하던 아이들이 점점 자신과 친구들의 표정과 눈빛에 관심을 가지기 시작했다. 사진 찍을 때 도망치기 바빴던 아이들이 점점 포즈를 취했고, 나아가 카메라를 신경 쓰지 않을 만큼 촬영에 친숙해졌다. 도망칠수록 자기 모습이 이상하게 나온

우리 반 아이들은 크리에이터

다는 것을 깨달은, 학습효과였을 것도 같다. 이 사진들로 만든 영상을 졸업식에 틀어줬는데, 졸업 후에도 가끔 연락하는 친구들에게는 그 사진을 가지고 추억도 이야기하며 재미있게 지낸다. 가끔 이렇게 물어오는 아이들도 있다.

"선생님, 아직도 그때 그 사진 가지고 있어요?"

답하자면, 당연히 가지고 있다. 노트북을 교체하거나 새로 하드디스크를 구입할 때 한 번씩 오래된 사진을 정리하는데, '언제 이런 사진을 찍었지?' 하며 나도 놀랄 때가 있다. 혼자 보기 아까워, 그때 그 학생들에게 보내주기도 한다.

첫 부임지에서 나는 주로 6학년을 담당했기 때문에 졸업 시즌이 다가오면 재미있는 졸업식 답사 영상을 만들 방법도 많이 고민했다. 다른 선생님들은 어떻게 영상을 만들었는지도 찾아보고, 주변 아이디어를 반영하기도 했다. 한 번은 '립덥뮤직'이라는 방식으로 답사 영상을 만들었다. 정해진 한 곡의 음악에 반별로 립싱크 하는 모습을 처음부터 끝까지 한 컷으로 촬영하는 원테이크 기법으로 찍은 것이었다. 촬영을 끊을 수가 없었기 때문에 전교에 음악을 크게 틀고 6학년 복도를 뛰어다니며 찍었다. NG가 나면 처음부터 다시 찍고, 또 찍고 해서 한 10번은 찍었던 것 같다. 만드는 과정은 고생스러웠지만, 그래도 만들어놓으니 학생들은 물론 선생님과 학부모님들이 많이 즐거워했다. 물론 나도 뿌듯했다.

솔직히 말하자면 이때까지만 해도 내게 영상 제작은 단순히 즐거운 추억을 담는 도구의 하나일 뿐이었다. 찍는 데 많은 준비가 필요하지도 않고, 10장 중 1장은 쓸 만하며, 크게 손대지 않아도 작품이 완성되는 사진과 달리 영상은 준비할 것도 신경 쓸 것도 너무 많았기 때문에 섣불리 시작하고 싶지 않았다. 컷을 골라내고, 이어 붙이고, 이야기를 만들어내고, 음악과 자막을 넣고…… 게으른 나는 쉽게 손이 가지 않았다.

이 무렵의 내게 영상은 기록하기 위해 학생들의 활동을 담는 용도일 뿐이었다. 학예회를 처음부터 끝까지 찍고 저장하는 수준, 졸업식이나 기타 행사에 사용하기 위해 사진과 영상을 이어붙이는, 딱 그 정도 수준이었다.

티칭보다 메이킹

동영상에 크게 관심이 없었다고 이야기하기는 했지만, 그렇다고 수업에 영상을 아예 활용하지 않은 것은 아니다. '학교 폭력 관련 UCC 공모' 공문을 보고 학생들과 교실에서 코미디 프로그램을 따라하며 찍어보기도 했다. 어떻게 하면 수업시간에도 장난치며 까부는 아이들과 함께 즐겁게 수업할 수 있을까 고민하다 시도해본 일이었다.

학교 폭력 관련해서 함께 영상을 만들자고 제안하자, 아이들은 다양한 의견을 쏟아냈다. 영화 같은 스토리를 제안한 아이도 있었고, 공익광고 형식의 건전한 내용을 이야기하는 아이도 있었다. 그중 가장 많은 공감을 받는 의견이 코미디 프로그램 형식이었다. 게임을 소재

우리 반 아이들은 크리에이터

로 한 개그에 다양한 캐릭터로 교실의 갈등상황을 제시함으로써 학교 폭력에 대한 문제의식을 건드리겠다는 것이었다.

아이들은 등장인물을 자기들끼리 의논하고 장면마다 어떤 표정과 동작이 나은지 상의해서 영상을 찍고 편집했다. 수업으로 학교 폭력이 얼마나 나쁘고 어떻게 막을 것인가를 가르치는 것보다 영상을 만드는 쪽이 '어떻게 하면 학교 폭력에 대해 경각심을 일깨우고, 학교 폭력을 막을 수 있을까?'라는 문제에 학생들이 나름의 해답을 고민하고, 더 좋은 아이디어를 위해 토론하는 유의미한 시간이었던 것 같다. 다 만든 영상을 같이 보면서 완성된 영상 속 서로를 칭찬하는 것까지 즐거운 시간을 보냈다.

학교 폭력의 심각성을 강의로만 설명했다면, "학교 폭력은 나쁜 거야"라는 말만 반복했다면, 아이들은 그냥 "또 저 소리, 이제 지겨워" 했을 수도 있다. 하지만 함께 동영상을 만들자고 내가 제안하자 아이들은 눈빛부터 달라졌다.

섬마을 선생님이라 힘들겠다고요?
이 영상 한번 보실래요?

첫 발령 이후 10년간 광양에서 근무했다. 지방이지만 나름 도시고, 대기업도 있어서 문화전파가 빠르고 세련된 느낌이 있었다. 이후 완도의 한 섬 학교로 발령받았는데, 6학년 담임으로써 4명의 학생들을 가르쳤다. 바로 전년도에 광양에서 제일 큰 39학급 학교에서 교과 전담 교무부장으로 500명이 넘는 학생들을 만났는데 말이다.

30명 가까운 다인수 학급에서 수업을 하는 것은 의외로 쉽다. 몇몇 학생이 집중하지 않아도 괜찮다. 수업 방해만 하지 않는다면 열심히 듣는 학생들 위주로 수업하면 되니까. 그런데 4명 앞에 서니 막막하기 짝이 없었다. 4명밖에 없는데도 학습 능력과 성취에 차이가 나서 더욱 그랬다.

40분의 수업 안에서 전체 설명과 개별 지도를 같이했다. 다행히도 학생들이 수업은 그런 대로 적응해나갔다. 모두 스마트폰이 있어서 인지 기기 다루는 능력도 좋았다. 걱정했던 낙후된 섬마을, 고립 이런 것은 전혀 문제가 되지 않았다. 조금 걱정스러웠던 SW 교육도 문제 없이 할 수 있었다.

마음에 걸리는 것은 학생들이 약간 수동적이고, 경험이 부족하다는 점이었다. 섬 밖으로 곧잘 나가지만 주로 자동차를 타니 기차는 타본 적이 없단다. 서울 같은 대도시에 길게 머물거나 돌아다녀본 적도 없다고 했다. 그래서 수업에 영상을 적극 활용하기 시작했다.

"넓은 세상이 여기 있으니 보아라! 너에게 보여주고 싶은 더 큰 세상이다!"

이런 마음에서였다. 나중에야 아이들이 유튜브에서 게임 방송도 보고, 먹방도 따라 한다는 사실을 알았다. 아쉽게도 공부에는 관심이 없어서 공부와 관련된 영상을 찾아보는 경우는 별로 없었다. 이에 학생들에게 공부와 관련된, 그렇다고 너무 학습적이기만 하지는 않은

우리 반 아이들은 크리에이터

영상들을 찾아 보여주기 시작했다.

문화공연에 익숙하지 않은 학생들이라 음악 수업에는 공연 실황 영상을 보여주고, 현대사는 관련 영화로 설명했다. 다양한 영상으로 간접경험과 실감나는 상황 전달에는 성공했지만, 보고 끝나는 영상이 얼마나 아이들의 마음에 남을까 하는 의문에 여러모로 아쉬운 마음이 들었다.

이런저런 아쉬움과 별개로 1년 동안 4명의 아이들과 섬에서 보낸 시간은 즐거웠다. 분교까지 6학급의 학교에서 선생님들끼리 똘똘 뭉쳐서 함께 학교를 운영해나가는 과정도 그랬다. 마을 주민들과 함께 대운동회도 하고, 여름에 학교 앞 바닷가에서 물놀이도 하고. 섬이다 보니 주말에 바람 불면 밖으로 못 나가지는 않을까 전전긍긍한 기억까지 돌이켜보니 추억이었다.

2학기가 마무리되면서 1년간 함께 고생한 선생님과 학생 들에게 무언가 선물하고 싶다는 마음이 생겼다. 섬에서 근무하면 재미없고 힘든 줄만 아는 바깥세상 사람들에게도 "힘들지만 나름 보람 있고, 재미있다"고 말하고 싶었다. 그런 마음으로 제작해본 영상으로 전남교육UCC 공모전에서 교육감 최우수상을 받았다.

다시 보면 부끄럽기 짝이 없어 어떻게 상을 탔지 싶기도 하지만 타임랩스도 있고, 드론 촬영도 있고, 할 건 다했다 싶기도 하다. 드론은 SW 교육을 위해 교육청 예산을 지원받아 구매한 다양한 기자재 중 하나였다. 그냥 날아만 다니는 드론을 살 수도 있었지만 혹시나 하는 마음에 동영상 촬영이 가능한 드론을 구입했는데, 결과적으로 이 선택은 신의 한수였다. 주변에 높은 건물이나 산이 없는 탓에 괜찮은 학교 전경사진이 없어서 겸사겸사 산 것이었는데, 성능이 생각보다 괜찮아 여러모로 써먹기 좋았다. 운동회 때 청백계주도 찍고, 수학여행에서 폭포 배경으로도 찍어보고, 학교 주변 바다에서 일몰장면을 담기도 했다.

모르긴 몰라도 공모전 영상 중에 직접 부른 노래를 배경 음악으로 붙인 사람은 없지 않을까 싶기도 하다. 사실 이만 한 수준의 영상을 만들 수 있는 사람들은 많다. 만들고 활용하는 사람이 생각보다 많지 않을 뿐이다. 거기에 더해 섬에서 생활하는 교사들의 어려움, 그 속에서도 열심히 가르치고 배우는 행복한 학교의 모습이 잔잔한 감동을 줬다고 생각하며 고맙게 상을 받았다.

상을 받고는 왠지 모를 자신감도 생겼다.

'아! 해볼 만하겠구나! 이걸로 더 재미있는 학교를 만들 수 있겠구나!'

그러나 이 자신감은 아이들의 졸업 영상을 만들 때 압박감으로 작용하기도 했다. 얼마나 잘 만들어낼까 기대하는 사람들에게 만족스러운 결과물을 보여줘야 한다는 생각에 부담스러웠던 탓이다. 그렇지만 시간과 예산에 쫓기며 만든 이 영상들이 무엇보다 중요한 것은 아이디어와 메시지라는 사실을 다시 한 번 깨우쳐주었다. 학생들은 정든 학교 곳곳에서 전하고 싶은 메시지를 영상으로 표현했다. 감사의 인사로 마무리한 영상에 많은 사람이 공감하고 박수쳐주었다.

우리 반 아이들은 크리에이터

프로젝트 수업, 레디 액션!

전남교육UCC에서의 수상을 계기로 많은 일이 벌어졌다. 먼저 전남독서토론열차학교의 뒤를 잇는, 전남통일희망열차학교에 영상 제작 담당 교사로 선발되었다.

열차학교는 독립 운동의 역사를 배우고, 민족정신을 일깨워 한반도 통일을 준비하는 유라시아 시대의 미래 인재 양성을 위한 교육 과정을 운영한다. 여름방학 동안 16박 17일에 걸쳐 중국과 러시아를 돌며 생생한 역사 체험은 물론 백두산 등반, 시베리아 횡단열차 탑승 같은 경험도 할 수 있다. 교사라면 한번쯤 참여하고 싶은 아주 매력적인 프로그램이다. 전남에 근무하는 많은 선생님이 지원하셨을 텐데, 전남교육UCC 수상 덕분에 선발될 수 있었다.

올해는 학교도 다시 옮겼다. 이전 학교 바로 옆의, 좀 더 큰 섬에 있는 학교다. 6학년 담임을 맡았는데, 아이들이 에너지가 넘치고 매우 적극적이다. 성비도 어쩜 그리 딱 떨어지게 맞췄는지 남자아이 6명, 여자아이 6명이다. 그래서 3월 초 학생들을 겪으며 생각했다. 그래 이 아이들과 함께 영상을 만들어보자!

박오종의 카메라 변천사

교사로 일하고 나서부터, 지출 가능한 돈의 범위가 늘어났다. 최소한 원하는 카메라를 살 수 있는 정도? 1만 장이 넘게 찍었던 나의 첫 디지털 카메라를 떠나보내고, '사진은 역시 니콘이지!' 생각하며 일안반사식렌즈교환형 디지털 카메라, 통칭 DSLR인 니콘의 D70s를 구매했다.

DSLR은 필름 대신 필름 역할을 하는 센서를 달아놓은 디지털 카메라다. 일반 자동카메라와 달리 렌즈를 교환할 수 있다는 특징이 있다. 카메라에게 있어서 렌즈를 원하는 대로 바꿀 수 있다는 것은 엄청난 장점이다. 지금 내가 쓰는 스마트폰만 해도 뒷면에 3개의 렌즈가 붙어 있다. 2배 줌, 표준, 광각의 렌즈. 렌즈가 3개나 달려 있어 상황별로 화각을 달리해서 찍을 수 있다.

DSLR 카메라에 렌즈를 바꿔 끼우면 단순히 화각만 달라지는 것이 아니다. 조리개 값을 통한 심도의 표현, 렌즈마다 조금씩 달라지는 색감, 해상력, 빛망울(보케)의 차이 등으로 여러 가지를 다양하게 표현할 수 있다.

하지만 DSLR은 아주 무겁다는 단점이 있다. 카메라 자체만 1kg에 달하는 기종도 있는데 거기에 렌즈, 플래시 등을 챙기면 카메라 가방만 순식간에 5kg를 넘는다. 가방이 무거우면 고생이 이만저만이 아니다. 무거운 DSLR에 불만을 가진 사람이 나뿐만이 아니었는지, DSLT라는 카메라가 생산된 적도 있다. DSLR에서 무거운 부품 가운데 하나인 펜타프리즘을 없앤 카메라로, DSLR보다는 가볍다. 그렇지만 그렇게 오래 생산되지는 못했고, 요즘에는 찾아보기도 어렵다. 나는 무거운 카메라를 들고 다니기가 힘들어 DSLR에서 미러리스로 넘어갔다.

미러리스는 오늘날 카메라 시장의 대세다. 전문 기자급이 아니라면 미러리스로도 충분히 원하는 사진을 찍을 수 있기 때문이다. DSLR보다 훨씬 작고 가벼운데, DSLR의 장점은 그대로다. 어떻게 그럴 수가 있느냐고? 필름 카메라와 DSLR은 독특한 점이 하나 있다. 사진을 찍는 순간을 오로지 결과물로만 볼 수 있다는 특징이다. 사진을 찍으려면 필름 또는 센서 앞의 거울로 접안렌즈에 빛을 보내야 하는데, 셔터가 열리는 그 순간에만 거울이 위로 올라가면서 필름과 센서에 빛을 보내기 때문이다. 미러리스는 명칭에서도 알 수 있듯이 그 거울이 없다. 그래서 가벼워질 수 있었다.

문제는 미러리스 역시 다양한 화각을 표현하려면 여러 렌즈가 필요하다는 점이다. 그래서 미러리스 다음으로는 완전 자동 디지털 카메라를 구매했다. 가격이 웬만한 미러리스 카메라와 비슷한 콤팩트 카메라 RX100이였다. 두께가 얇지는 않지만, 크기가 스마트폰만 해서 주머니에 넣고 다니기에도 무리가 없었다.

왜 스마트폰으로 찍지 않고, 구태여 카메라를 들고 다녔느냐고? 사진 촬영에서 센서의 크기가 정말 무시 못할 장점이기 때문이다. 스마트폰과 디지털 카메라의 사진을 확대해서 비교해보면 그 차이가 확연히 드러난다. 확대해도 화질이 깨끗할 뿐만 아니라 다양한 화각으로 사용 가능한 줌렌즈의 존재도 아주 큰 장점이었다. 당시까지만 해도 스마트폰은 진짜 카메라의 적수가 되지 못했다.

요즘 나오는 스마트폰은 뒷면 카메라 해상도가 1200~1600만 화소로 올라갔고, 카메라 개수도 2, 3개로 늘어났다. 화각이 점점 다양해지고 있는 것이다. 해상도뿐만 아니라 기능도 같이 좋아졌는데, HDR(사람의 눈이 실제로 보는 것과 비슷하게 밝은 부분과 어두운 부분의 밝기 차이를 줄여서 자연스러운 화면을 만들어주는 기능)과 야간 모드(셔터 스피드를 길게 하여 어두운 곳에서도 사진을 찍을 수 있다) 같은 전문적 기능의 사진 찍기도 가능해졌다. 인물 사진에서 배경을 흐리는 기능, 타임랩스(일정 시간마다 사진을 찍어 긴 시간을 짧은 영상으로 만들어주는 기능), 슬로우모션 등 동영상에서도 다양한 기능을 지원한다. 또 전문가 모드를 지원하여 셔터 스피드, 조리개, ISO 등 촬영에 필요한 요소들을 사용자가 직접 조작할 수 있게 지원한다.

지금 내가 사용 중인 소니의 a6400은 플래그십 스마트폰과 비교했을 때 가격이 오히려 조금 저렴하다. 렌즈 교환이 가능한 미러리스 카메라로 센서 크기의 차이에 따른 화질의 차이는 존재하지만 확대 출력이 아닌, SNS 업로 드나 영상 제작 상황에서는 스마트폰과 큰 차이가 없다. 스마트폰 카메라도 더 높은 해상력과 다양한 화각 지원을 위해 앞으로 1대에 여러 카메라를 탑 재한다니 어떻게 발전해나갈지 정말 기대된다.

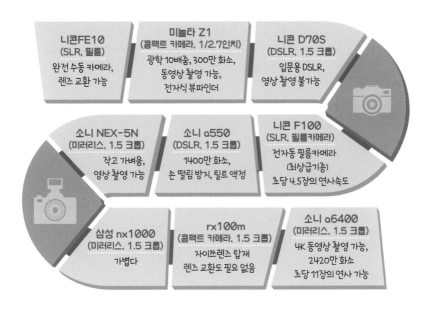

선생님의
메이킹필름

첫 번째 프로젝트,
우리 지역의 의병을 찾아봐요!

3·1 운동 및 임시정부 수립
100주년 기념 UCC 공모전

교과연계

주제	교과	핵심역량	성취기준	학습내용
우리 지역의 의병	사회	지식정보처리	[6사04-03] 일제의 침략에 맞서 나라를 지키고자 노력한 인물의 활동에 대해 조사한다.	여성 의병 양방매 지사의 일대기 조사, 발표하기.
	미술	심미적 감성	[6미02-04] 조형 원리의 특징을 탐색하고, 표현 의도에 적합하게 활용할 수 있다.	반복적인 모양 활용으로 종이 훈장 만들기.
	음악	창의적 사고	[6음01-03] 제재곡의 노랫말을 바꾸거나 노랫말에 맞는 말붙임새로 만든다.	전남 의병들로 〈한국을 빛낸 100명의 위인들〉 개사하고 노래 부르기.

제작 계기

6학년 사회과는 조선 후기 역사부터 시작하는데, 분량에 비해 교육과정 시간 배당이 적다. 옛날 일이라고만 생각하는 탓에 안 그래도 역사 교과에 관심 없는 아이들이 많은데, 외워야 할 것까지 많은 셈이다. 상황이 이러니 진도를 나가다 보면 학생들이 하나둘 사회를 포기해버린다. 이때부터 고민이 시작된다. 어떻게 꺼져버린 아이들의 흥미에 불을 붙일 것인가.

마침 구한말을 배경으로 한 드라마 〈미스터 션샤인〉이 인기였다. 나는 이 드라마로 학생들의 호기심을 자극했다. 구한말을 배우면 자연스럽게 의병 이야기도 나오는데, 교과서의 의병 사진과 의병이 주인공인 드라마를 자연스럽게 오버랩시킨 것이다. 드라마의 한 장면과 교과서의 설명을 매치시키면서 말이다. 그러자 아이들의 눈빛이 살아나는 것이 느껴졌다. 겨우 살려놓은 불씨를 활활 타오르게 하려면 어떻게 해야 할까?

이때껏 나는 사회 수업이 끝난 다음 꼭 요점 정리를 시켰다. 그날그날 배운 내용을 정리하면서 중요한 부분은 복습하라는 의미였다. 그런데 요점 정리 때문에 아이들은 사회를 아주 단순한 암기 과목으로 치부했다. 그래서 2015개정교육과정에서 요구하는 역량 중심 수업을 적극적으로 도입하기로 마음먹었다. 학생들의 다양한 핵심 역량 함양을 기대하며 "우리 지역의 의병을 찾아보고 감사하는 마음 직접 표현하기"를 주제로 관련 교과목과 성취기준, 학습내용을 선정했다.

우리 반 아이들은 크리에이터

제일 먼저 의병 관련 주제 중 학생 참여형 수업이 가능한 교과를 선정했고, 관련 교과와 성취 기준을 분석한 후 성취 기준에 맞는 학습 내용을 찾았다. 이 같은 수업으로 학생들이 유의미한 산출물을 만들고 프로젝트 전체를 수행한 결과는 교사인 내가 영상으로 만들었다.

수업의 실제

　사회 수업 '우리 지역의 의병'을 선정한 이유는 단순하다. 학생들에게 역사는 이미 그저 과거지사일 뿐이다. 가뜩이나 옛날일이라 생각해 거의 관심이 없는데, 물리적으로 우리 지역과 멀리 떨어진 곳이라면 더 남의 일처럼 생각할 것이다. 반면 우리 지역이라면? 물리적인 거리가 가까워지면 심리적인 거리도 가까워지리라 여겨졌다. 그래서 전남 지역 의병을 조사했다.

　조사 끝에 여성 의병인 양방매 지사를 찾아냈다. 남편인 강무경 지사와 함께 부부 의병으로 활동하신 분이었다. 성평등이 뜨거운 감자인 시대에 가뜩이나 적은 여성 독립 운동가의 이야기라니! 얼마나 흥미로운가? 나는 학생들과 함께 양방매 지사가 어떻게 여성의 몸으로 의병이 되었는지 찾기 시작했다. 문제는 이름 없는 여성 독립 운동가의 자료 찾기가 결코 쉽지 않다는 점이었다.

　인터넷을 뒤져 겨우겨우 양방매 지사의 일생과 업적을 알아낸 다음에도 막막하기는 마찬가지였다. 양방매 지사의 고향은 전남 영암이고, 현재 국립서울현충원에 남편인 강무경 지사와 함께 안장된 상

수업시간에 양방매 지사의 생애와 업적에 대해 알아보았다.

태다. 전남 땅끝 아래 섬에서 초등학생들을 데리고 성묘 가기는 불가능해 보였다.

나는 혹시나 후손이 계시지는 않을까 하는 마음으로 일단 보훈처에 문의하기로 했다. 보훈처는 중앙기관이니 우리 지역 근처인 목포에 전남서부보훈지청에 소속과 신분을 밝히고 사정을 설명했다.

"혹시 양방매 지사의 후손이 계실까요?"

전화기 너머의 목소리는 당황한 기색이 역력했다.

"알아보고 연락드리겠습니다."

이후 보훈지청과는 10번도 넘게 전화가 오고갔다. 고마운 마음에 전남보훈지청 홈페이지의 '칭찬합시다' 게시판에 감사 인사도 남겼다. 긴 기다림 끝에 연락을 받았다.

"선생님, 찾았습니다!"

양방매 지사의 후손으로 등록된 분은 안 계시지만, 남편인 강무경 지사의 후손으로 등록된 분은 계시다는 것이었다. 우리가 감사의 의미로 작품을 준비한다는 이야기에 흔쾌히 연락처를 남겨주셨단다.

'그래, 이제 됐어!'

그러나 어려움은 끝이 아니라 시작이었다.

미술 수업 앞에서 준비'했'다가 아니라 준비'한'다고 했다. 그렇다. 준비 전이었다. 학생들의 수준에서 무엇을 만들 수 있을까? 돈이 많이 들지 않아야 하고, 수준이 너무 낮아서도 안 됐다. 명예와 존중, 존경과 감사의 표현이었으니까. 그래서 국어 시간에 감사 편지를 쓰기로 했다. 솔직하게 자신의 감정을 쓴 학생들의 편지는 조금 부족해 보여도 귀엽고 진심이 느껴졌다. 그러나 편지만으로는 부족했다.

고민 끝에 학생들이 종이접기를 잘한다는 사실을 떠올렸다. 종이로 만들 수 있는 것 중 가장 의미가 있는 것이 무엇일까?

'독립 운동가에게는 국가에서 훈장을 추서하는데, 우리도 훈장을 만들어 달아드릴까?'

종이 훈장은 같은 모양을 여러 개 만들어 붙여야 하나의 훈장이 된다. 9명의 학생들은 작은 손으로 꾹꾹 눌러 훈장을 접었다.

액자에 달랑 훈장 하나만 넣자니 좀 썰렁했다. 무엇을 추가하면 좋을까 고민하다 초상화를 그리기로 했다. 여성 독립 운동가의 초상화를 순회 전시하는 항일여성독립운동기념사업회에 연락해 단 1장뿐

종이 훈장에 더해 따라 그린 초상화, 직접 쓴 캘리그라피를 한 액자에 담아 작품을 완성했다.

우리 반 아이들은 크리에이터

인 양방매 지사의 사진을 바탕으로 그려진, 초상화를 부탁드렸다. 국외에 있는 작가님의 허락을 받느라 적절한 시기를 놓칠까 봐 마음 졸였지만, 무사히 작품을 완성할 수 있었다.

초상화 사진으로 OHP필름을 이용해 본뜨기를 했다. 그림을 완성한 다음에는 감사하는 마음을 담은 캘리그라피를 그려 넣었다.

"당신의 값진 희생을 잊지 않겠습니다."

이렇게 작품이 완성되었지만 프로젝트는 끝나지 않았다.

음악 수업 노래는 실로 위대하다. 백 마디 말보다 사람의 마음을 움직이는 큰 힘이 된다. 영상을 만들면서 다양한 이유로 음악을 사용하지만 주된 이유는 영상에 분위기를 더하고 메시지를 전하기 위해서다. 같은 영상을 두고도 배경음악을 달리하면 분위기와 메시지는 전혀 달라지기 때문이다. 하지만 이번에 음악을 사용한 이유는 외우기 위해서다.

제재곡은 〈한국을 빛낸 100명의 위인들〉을 골랐다. 의미도 있고 배우기도 쉬우니까. 노래가 주는 느낌도 주제와 잘 맞아떨어진다. 양방매 지사를 비롯한 의병들이 한국을 빛낸 100명의 위인들보다 중요하지 않다고는 결코 이야기할 수 없을 것이다. 나라가 위험에 처하자 대가 없이 들고 일어났던 사람들, 해준 것이 없더라도 나라를 지키겠다고 희생하며 나선 사람들 아닌가.

사실 전남에는 양방매 지사뿐만 아니라 많은 의병이 있었다. 이분들에 대해 전부 다 배우지는 못해도 어떤 분들이 계셨는지 간단하게 나마 알고 싶었다. 그러나 나 혼자 정리하기에는 사람도 많고 자료 구하기도 어려워 한말호남의병기념사업회에 연락해보았다. 이후 절판된 《호남의병사》 책을 받아 중요한 인물들과 주요 업적 및 특징을 정리했다. 이를 바탕으로 학생들과 아이디어 회의 끝에 호남 의병들로 가사를 개사했다.

끝맺기

프로젝트에는 항상 산출물을 남겨야 한다. 이 학습을 통해 역량이 얼마나 함양되었는지 평가함으로써 학생에게 피드백해야 하기 때문이다. 이 평가는 결과로써가 아니라 부족한 점을 보완함으로써 학생의 성장을 돕는 과정중심평가의 성격을 띤다. 앞에서 열거한 수업에서도 단위차시 혹은 학습내용에 맞게 산출물이 나온다. 사회는 조사보고서, 미술은 훈장 또는 작품, 음악에서는 함께 개사한 가사이다.

그렇지만 프로젝트는 아직 끝나지 않았다. 감사의 마음으로 제작한 작품을 후손 분께 전달해야 했다! 원래는 학생 대표와 함께 가서 작품을 직접 전해드릴 예정이었으나 후손 분께 연락드려 보니 우리 지역에 살고 계시지 않았다. 꽤 먼 곳이라 주말을 이용하더라도 당일에 오갈 수가 없었다. 단순히 전달이 목적이었다면 우편으로 보내고 쉽게 끝났을 수도 있지만, 나는 후손 분의 반응을 영상으로 찍어 학생들에게 피드백해줄 생각이었으므로 대안이 필요했다.

후손 분께서는 혼자 사시기 때문에 영상을 찍어줄 사람이 없다고

아름다운 호남에 의향 전남에

이순신은 왜구를 물리치시고

약무호남 시무국가 말씀하시니

대대손손 훌륭한 의병도 많아

의병 대장 최익현 장성 기삼연

지리산에 고광순

신출귀몰 심남일 무동촌 김준

진중일기 전해산 안담살이 안규홍

맹인 의병 백낙구

여성 의병 양방매 남편 강무경

역사는 미래다

음악시간에 직접 개사한 가사로 <호남을 빛낸 100명의 의병들>을 불렀다.

하셨다. 그래서 사시는 곳 근처의 보훈지청에 연락해보았다. 규정에 없고 의무도 없다는 매정한 거절에 같은 공무원이지만 씁쓸했다. 일면식도 없지만, 주변 학교에도 전화해 부탁드려보았다. 그러나 대답을 듣지 못했다. 결국 근처 대학교에 무작정 전화해 아르바이트 한 명만 구해달라고 요청했다. 대학의 많은 학과 중에 노인복지학과사무실을 택해 전화한 게 신의 한수였던 것 같다.

아르바이트 대학생은 우리 반 학생들 대신 작품을 전달하고 영상을 찍어 보내주었다. 연세 지긋한 할아버지였던 후손 분은 우리 반 학생들의 작품을 받아들고, 이름도 없는 독립 운동가에게 보내준 감사의 표시에 고맙다며 연신 인사했다. 우리 반 학생들은 화면에 나오는 자기 모습에 어색해하다가도 기억해줘서 고맙다는 후손 분의 반응에 모두 뿌듯해했다.

"저거 내가 한 거야."

"나도 같이 했어."

자신이 참여한 것이 나오면 우쭐대기도 했다.

내친 김에 여기서 한 걸음 더 나아가보기로 했다. 이 프로젝트 사이사이 찍어놓은 영상을 모아 UCC를 만들고, 관련 공모전을 찾아 출품한 것이다. 바로 전라남도청이 주관한 3·1 운동 및 임시정부수립 100주년 기념 UCC 공모전이었다. 공문 접수 중에 눈에 띄어 제출했는데, 우리 반 활동에 더해 공모전 취지에 맞는 앞뒤 이야기를 더 붙였다.

우리 반은 이 공모전에서 최우수상을 받았다. 수업으로 영상을 만

제298호

상 장

노화북초등학교

UCC부문 최우수상   교사 박 오 종

　위 사람은 전라남도에서 주최한 「대한민국 역사속 의향전남 백일장 및 UCC 공모」에서 우수한 성적으로 입상하였기에 이 상장을 드립니다.

2019년 4월 11일

전라남도지사 김 영 록

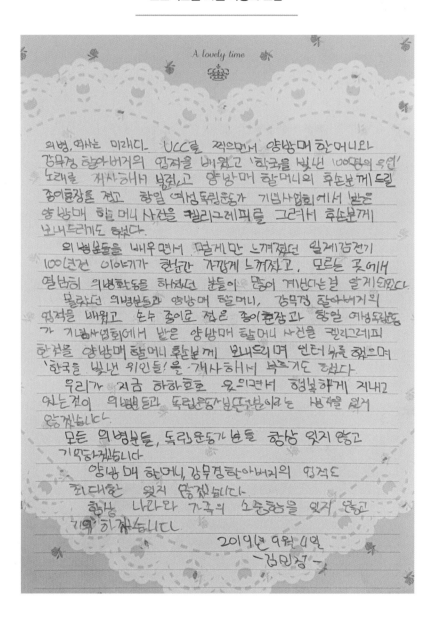

A lovely time

의병, 여사는 미래디. UCC를 찍으면서 양방매 할머니와 강무경 할아버지의 업적을 배웠고 '한국을 빛낸 100명의 위인' 노래를 개사해서 불렀고 양방매 할머니의 후손분께 드릴 종이훈장을 접고 항일 여성독립운동가 기념사업회에서 받은 양방매 할머니 사진을 캘리그래피를 그려서 후손분께 보내드리기도 했었다.

의병운동을 배우면서 멀게만 느껴졌던 일제강점기 100년전 이야기가 한순간 가깝게 느껴졌고, 모르는 곳에서 열심히 의병활동을 하셨던 분들이 많이 계신다는 걸 알게되었다.

몰랐던 의병분들과 양방매 할머니, 강무경 할아버지의 업적을 배웠고 손수 종이로 접은 종이훈장과 항일 여성독립운동가 기념사업회에서 받은 양방매 할머니 사진을 캘리그래피 한것을 양방매 할머니 후손분께 보내드리며 인터뷰도 했으며 '한국을 빛낸 위인들!'을 개사해서 부르기도 했다.

우리가 지금 하하호호 오늘이런거 행복하게 지내고 있는것이 의병들과 독립운동가님들덕분이라는 생각을 잊지 않겠습니다.

모든 의병분들, 독립운동가 분들 항상 잊지 않고 기억하겠습니다.

양방매 할머니, 강무경할아버지의 업적도 최대한 잊지 않겠습니다.

항상 나라와 가족의 소중함을 잊지 않고 기억하겠습니다.

2019년 9월 0일
- 김민성 -

우리 반 아이들은 크리에이터

들어본 것도 처음이고, 솔직히 그렇게 잘 만들었다는 생각도 들지 않았는데 말이다. 아마 학생들이 활동한 내용이 좋아서 상을 주신 것이리라. 이 수상은 학생들에게 매우 큰 성취감을 안겨주었고, 이후 영상 제작에 적극적으로 참여하게끔 만드는 동기가 되었다.

사회를 중심 과목 삼아 여러 과목을 재구성한 프로젝트의 결과가 항상 이렇게 좋았던 것은 아니다. 학생이 활동 중심으로 역사적 체험을 할 경우, 역사의식과 내면화에서는 긍정적인 반응이 나오겠지만 솔직히 시험 점수는 예측하기 어렵다. 그러나 살아가는 데 역량을 키우는 일은 무엇보다 중요하다. 문제의식을 가지고 탐구하고, 가능한 일을 하고, 또 결과를 확인하는 일련의 과정은 학생이 앞으로 어떤 문제와 맞닥뜨리더라도 성공의 밑거름이 될 것이라고 확신한다.

두 번째 프로젝트,
아름다운 바다를 지키고 싶어요!

제7회 바다식목일 기념
UCC 공모전

교과연계

주제	교과	핵심역량	성취기준	학습내용
바다 생태계 지키기	과학	지식정보처리	[6과05-03] 생태계 보전의 필요성을 인식하고 생태계 보전을 위해 우리가 할 수 있는 일에 대해 토의할 수 있다.	바다식목일의 의미를 알고 바다식목일을 알리는 캠페인 활동하기.
	미술	심미적 감성	[6미01-03] 이미지가 나타내는 의미를 찾을 수 있다.	바다생태계의 모습 그림으로 나타내기.
	음악	심미적 감성	[6음01-01] 악곡의 특징을 이해하며 노래 부르거나 악기로 연주한다.	창작 동요 〈바다식목일〉을 밝고 힘차게 부르기.
	과학	자기관리	[6체01-02] 건강을 유지하기 위한 체력 운동을 선택하고 자신의 수준에 맞게 운동 계획을 세워 실천한다.	학교 주변 둘레길을 걸으며 유산소 운동하기.

우리 반 아이들은 크리에이터

제작 계기

양방매 지사 영상이 공모전에서 생각지도 못한 큰 상을 타자 나는 이 기세를 몰아 학생들에게 더 큰 도전을 시켜주고 싶었다. 솔직히 지난 공모전은 학생들의 산출물이라기보다는 교사의 산출물에 가까웠기 때문이다. 그래서 괜찮은 공모전이 없을까 찾던 중에 바다식목일 기념 UCC 공모전을 발견했다.

바다식목일은 매년 5월 10일로, 바닷속에 해조류를 심어 갯벌 사막화를 막고, 수산자원 보호의 중요성을 알리는 국가기념일이다. 마침 내가 근무하는 곳도 완도의 한 섬으로 주민 대부분이 전복과 김을 양식한다. 학교에서 항까지 차로 채 2분이 걸리지 않는다. 여러모로 바다를 빼놓고 이곳을 설명하기란 어렵다. 당연히 바다 생태계 지키기에 관심이 많을 수밖에 없다.

그렇지만 막연하게 '바다를 지켜요', '환경을 보호해요' 외치는 일은 학생들에게조차 별의미가 없다. 기계적으로 "바다에 쓰레기를 버리지 않는다" 정도의 의견을 내고, 학교 봉사활동 시간에 잠깐 나가 해변에 떨어진 몇몇 쓰레기를 주워오는 데서 끝날 뿐이다.

바다식목일 UCC 공모전을 발견하고, 나는 우리의 생활 터전인 바다 지키기에 앞장서기 위한 UCC 영상 제작 프로젝트 구상을 시작했다. 제일 먼저 고민한 것은 전체적인 구성 요소였다. 학생들이 직접 영상을 촬영하고 편집하기보다는 영상으로 담을 만한 학생 활동이 좋지 않을까 싶었다. 편집은 교사가, 출연은 학생이, 아이디어는 함께하는 것을 기본 틀로 잡았다. 전체 흐름상 학생들이 환경 보호라는 대주제 아래 바다식목일의 의미와 중요성을 파악하고, 바다식목일을 알리는 캠페인 활동을 준비하는 과정을 동영상으로 담는 게 적절할 것 같았다.

바다식목일을 알리는 플래카드와 포스터를 만들고, 바다사막화 과정과 문제 해결을 위한 바다숲 조성 사업의 과정을 그림으로 그려 영상에 담기로 했다. 그다음으로 바다식목일을 주제로 한 동요 〈바다식목일〉(작사·작곡 이문기)로 뮤직비디오 형식의 영상을 제작하기로 했다.

수업의 실제

과학 수업 바다식목일 관련 수업 자료는 많지 않았다. 관련 자료를 조사하며 일단 UCC 공모전의 주관기관인 한국수산자원관리공단의 홈페이지를 탐색했다. 주관기관답게 많은 자료가 올라와 있어 수업에 활용할 수 있었다.*

홈페이지를 탈탈 털어 마련한 기초 자료로 아이들과 함께 공부하며 나도 바다식목일, 갯녹음, 바다사막화, 바다숲 조성 등 많은 내용을 배울 수 있었다. 요즘은 바다가 예전 같지 않다며 전복 양식의 내일을 걱정하는 학부모님의 마음도 이해되었다.

바다사막화는 생각보다 그 피해가 심각하고, 또 조속히 해결해야

• 공모전 준비 시에는 공고문과 세부 계획을 꼼꼼히 살펴보아야 한다. 짧은 문장 속에 몇몇 중요한 단어를 캐치하고 포인트를 살리려면 주관기관에 대한 조사도 필요하다.

할 문제지만 국가기념일인 바다식목일을 아는 사람조차 많지 않았다. 여러모로 우리가 동영상을 잘 만들어서 홍보해야 하겠다는 생각이 들었다.

문제는 초등학생들이 만들 수 있는 자료에 한계가 있다는 점이었다. 기존 수상작들을 살펴보니 대부분 일러스트를 이용한 인포그래픽 형식의 영상들이었는데, 학생들은 물론이거니와 나에게도 그런 재주는 없었다. 고민 끝에 우리는 학교에서 할 수 있는 방법을 찾았다. 바로 그림 그리기였다.

미술 수업 바다식목일 소개 자료는 홈페이지 자료를 그대로 영상에 넣었다. 전문가들이 만들어서 주관 기관이 정리해놓은 것보다 더 좋은 것은 없을 듯해서였다. 자신들의 자료이기에 따로 저작권이 문제될 것 같지 않았다.(이런 경우 보통 기관에서 저작권을 가지고 있다.) 하지만 붙여넣기만 할 수는 없는 노릇이었다. 학생들은 황폐해지고 갯녹음과 사막화가 진행되는 과정과 바다숲 조성으로 회복되는 과정을 시퀀스로 구성해 한 장면씩 맡아서 그렸다.

무엇보다 중요한 것은 아이들이 먼저 내용을 이해한 다음, 본격적으로 그리기를 시작하는 일이었다. 막연히 그리라고만 하면 절대 작품이 나오지 않는다. 하지만 그림에 소질이 없는 학생도 의미를 잘 이해하고, 상황을 설명하면서 함께 구상하는 과정을 거치면 표현은 좀 서툴러도 의미 있는 작품이 나온다.

아이들이 바다사막화와 바다숲 조성을 통한 회복과정을 그림으로 그렸다.

음악 수업 나는 영상 제작 시 음악을 많이 사용하는 편이다. 콩트나 개그보다는 음악을 활용한 메시지 전달과 분위기 연출이 익숙하다. 연기는 학생들에게 시키기도 어렵거니와 연출하는 데도 시간이 많이 걸린다. 반면, 음악은 수업에 도입 가능하고 효과가 확실하다.

이번 바다식목일 프로젝트에서도 운 좋게 중심을 잡아주는 음악을 발견했다. 앞에서 언급한 〈바다식목일〉은 바다식목일을 주제로 만들어진 창작 동요다. 정말 어떻게 이렇게 딱 맞는 노래가 있지 싶을 정도로 우리가 만드는 영상에 딱 맞는 노래였다.

우리 반 아이들은 크리에이터

아이들이 <바다식목일> 노래를 함께 녹음 중이다.

음악시간에 이 노래로 가창 연습을 했다. 리듬과 가락을 익히고 힘차게 부르는 것에 초점을 맞췄다. 아이들은 생각보다 잘 따라왔다. 높은 음을 못 내는 아이들도 있기 때문에 합창보다는 파트를 나눈 다음 그룹 지어 부르게 했다. 깨끗한 소리 녹음을 위해 간단한 오디오 장비도 사용했다. 연습한 노래를 몇 번 녹음했고, 녹음하는 모습도 카메라에 담았다.

체육 수업 '바다도 한 장면 정도는 나와야지' 하는 생각에 학교 주변 둘레길을 걸어 항까지 가보기로 했다. 체육 시간을 연차시로 편성하여 시간을 확보하고, 학교 주변 환경을 살피면서 항까지 걸었다. 항

슬로우모션으로 점프 샷을 찍었다.

에서는 바다를 배경으로 한 사람씩 한 글자 플래카드를 들고 있는 장면을 촬영했다. 이때 자칫 밋밋하게 보일 수 있기 때문에 다양한 시도를 했는데, 이 중에서도 특히 슬로우모션을 활용한 점프샷이 영상의 백미가 되었다.

끝맺기

영상 제출 뒤에는 걱정이 앞섰다. 열심히 수행한 프로젝트 산출물로 입상을 못하면 아이들이 많이 실망할 것이라는 걱정이었다. 바다 식목일과 환경보호의 중요성에 대해 잘 배웠고 이를 널리 알리는 홍보캠페인을 위해 멋진 영상도 만들었으니 프로젝트의 목적은 달성했

우리 반 아이들은 크리에이터

바다식목일 홍보 영상 중 한 장면이 신문에 실렸다.

지만, 공모전 수상으로 더 큰 무대를 향해 나아갈 수 있지 않을까 싶기도 했다. 걱정 반 기대 반으로 기다리던 끝에, 공모전 대상을 수상했다는 연락을 받았다.

그간의 노력이 인정받은 것 같아 기쁘고, 아이들이 좋아하는 모습에 뿌듯했다. 관계자들은 이전까지와 확연히 다른 영상 콘셉트에 매료됐다며, "바다식목일을 알리는데, 더없이 훌륭한 작품"이라고 칭찬했다. 그러다 일이 커졌다. 바다식목일 기념식을 완도에서 거행하는

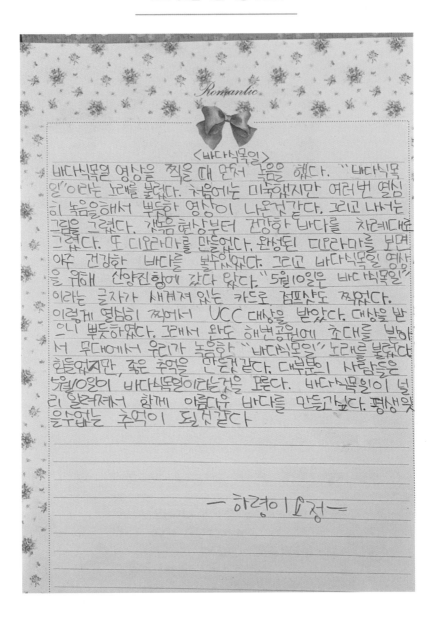

Romantic

〈바다식목일〉

바다식목일 영상을 찍을 때 먼저 녹음을 했다. "바다식목일"이라는 노래를 불렀다. 처음에는 미숙했지만 여러번 열심히 녹음을해서 뿌듯한 영상이 나온것같다. 그리고 나서는 그림을 그렸다. 개스름현상부터 건강한 바다를 차례대로 그렸다. 또 디오라마를 만들었다. 완성된 디오라마를 보면 아주 건강한 바다를 볼수있었다. 그리고 바다식목일 영상을 위해 산양진항에 갔다 왔다. "5월10일은 바다식목일"이라는 글자가 새겨져 있는 카드로 겸사샷도 찍었다. 이렇게 열심히 찍어서 UCC 대상을 받았다. 대상을 받으니 뿌듯하였다. 그래서 완도 해변공원에 초대를 받아서 무대에서 우리가 녹음한 "바다식목일" 노래를 불렀다. 힘들었지만, 좋은 추억을 만든것같다. 대부분이 사람들은 5월10일이 바다식목일이라는것을 모른다. 바다식목일이 널리 알려져서 함께 아름다운 바다를 만들고싶다. 평생잊을수없는 추억이 되었던것같다.

— 하경이 정 —

노화북초등학교 6학년 학생들이 2019 바다식목일 기념식에서
동요 <바다식목일>로 공연 중이다.

데 해양수산부 장관, 전라남도지사, 완도군수, 완도교육장 등 유관기
관 관계자를 포함해 총 500명 정도 참석하는 자리에 아이들과 함께
참석해서 <바다식목일> 노래를 불러달라는 것이다!

학교에 말씀드리고 이리저리 조율한 끝에 왕복 교통비와 차량, 간
식비를 지원받아 바다식목일 기념일에 참석했다. 우리 아이들은 영
상에 사용한 소품까지 야무지게 챙겨갔다. 5월 땡볕에, 야외에서 진
행된 긴 행사는 우리 반 아이들 덕에 상큼하게 마무리됐다. 오랫동안
준비해서 노래 한 곡만 달랑 불렀지만, 아무나 경험할 수 없는 값진
기회였기에 앞으로의 더 큰 무대가 기대되는 순간이었다.

세 번째 프로젝트,
우리나라의 민주주의를 배워요!

5월에 배우는
민주화 운동

교과연계

주제	교과	핵심역량	성취기준	학습내용
5·18 민주화 운동 올바로 알기	사회	공동체	[6사05-01] 4·19 혁명, 5·18 민주화 운동, 6월 민주 항쟁 등을 통해 한국의 민주주의가 발전해온 과정을 파악한다.	5·18 민주화 운동의 원인과 전개 과정을 바로 알기.
	국어	지식정보처리	[6국02-04] 글을 읽고 내용의 타당성과 표현의 적절성을 판단한다.	5·18 민주화 운동에 대한 왜곡과 가짜 뉴스를 보고 사실 관계 파악하기.
	도덕	의사소통	[6도02-01] 사이버 공간에서 발생하는 여러 문제에 대한 도덕적 민감성을 기르며, 사이버 공간에서 지켜야 할 예절과 법을 알고 습관화한다.	5·18 민주화 운동 왜곡과 가짜 뉴스에 대해 올바른 의견 전달하기.

우리 반 아이들은 크리에이터

제작 계기

6학년 사회과는 1학기에 조선 후기 역사부터 현대사까지 다룬다. 5월에 꼭 배워야 할, 가슴 뜨거운 역사 5·18 민주화 운동도 이 시기에 가르친다. 그런데 초등학교에서 5월은 운동회를 시작으로 연이어 각종 행사가 벌어지는, 1년 중 제일 바쁜 달이다. 어린이날을 비롯해 휴일과 행사가 많아 학생들이 평소보다 들떠 있기도 하다. 5·18 민주화 운동을 이 시기에 가르치면 행사 때문에 분위기도 안 잡히고, 정신도 없다. 교사로서는 좀 서운한 일이다.

지금까지는 사회 수업 뒤에 〈화려한 휴가〉나 〈택시운전사〉 같은 관련 영화를 보고 이야기를 나누곤 했는데, '어떻게 하면 학생들에게 5·18 민주화 운동의 역사성과 시의성을 더 잘 알려줄 수 있을까? 학생들이 주도하는 참여형 수업을 할 방법은 없을까?' 고민하다 5·18 기념재단을 발견했다. 5·18기념재단은 1980년 광주에서 일어난 민주화 운동의 정신을 기리고, 추모 같은 관련 활동을 추진하는 비영리 재단법인이다. 나는 5·18기념재단에서 SNS 활동하는 모습을 보고, 우리 반 학생들과 함께 도움을 드릴 수 있겠다고 판단했다.

수업의 실제

사회 수업 아이들은 우리나라의 민주화 과정을 연도에 따라 배운다. 이때 4·19 혁명, 5·16 군사반란, 5·18 민주화 운동 등 숫자가 들어가는 굵직굵직한 역사적 사건이 등장한다.

대한민국 정부 수립
_____

① 1945년 8월 15일: 광복 후 미군과 소련이 남한과 북한을 분할 통치

② 1948년 5월 10일: 남한만의 총선거 실시로 국회의원 선출

③ 1948년 7월 17일: 제헌헌법 공포

④ 1948년 8월 15일: 대한민국정부 수립, 초대 대통령 이승만 선출

이런 사건들을 공부하기 시작하면서 아이들은 눈에 띄게 괴로워하기 시작한다. 배경과 전개 과정, 이후 영향과 관련 인물들을 외워야 하기 때문이다. 그래서 나는 외신보도, 영화 자료 등을 활용해 아이들에게 최대한 생생하게 이런 상황을 전달해주려 애쓴다. 더불어 과거의 일이지만 아직 청산되지 않은 부분이 있음을 알려주며 과거의 일이지만, 단순히 과거지사로 치부할 수 없음을 깨우쳐주곤 한다. 그런 뒤에 학생들에게 "뭔가 우리가 할 수 있는 일이 없을까?" 질문을 던지면 학생들도 자기 일처럼 느끼고 적극적으로 나선다.

5·18 민주화 운동을 초등학생의 수준에서 잘 설명해주는 자료는 많지 않다. 사진이나 영상 자료 중 몇몇은 너무 사실적이고 잔인해서 사용이 어렵고, 영화는 감정적인 측면이 강하고 길어서 부담스럽다. 이에 나는 5·18기념재단에서 운영하는 5·18교육 사이트의 5월 교육자료 중 학생의 수준과 수업 주제에 맞는 자료를 미리 선별해 수업에 활용했다. 영상은 물론 수업활동지, 수업안 등 활용 가능한 자료가 굉장히 많다.

우리 반 아이들은 크리에이터

사회시간에 관련 뉴스로 5·18 역사 왜곡을 알아보았다.

국어 수업 뉴스 자료로 5·18 민주화 운동 왜곡에 대한 역사적 사실 관계를 확인함으로써 무엇이 잘못되었고, 왜곡하려는 의도가 무엇인지 같이 이야기했다. 사회적으로 문제가 되는 가짜 뉴스에 대해서도 알아보고, 5·18 민주화 운동을 왜곡하는 사람들의 주장을 살펴보며 주장과 근거가 과연 타당한지 검토해서 비판적 관점으로 매체를 판단하는 연습도 해봤다. 또 5·18기념재단에서 만든 문장 만들기 자료로 그때의 일들을 문장 만들기 게임과 함께 되짚어본다.

학생들은 스마트폰에 익숙하기 때문에 검색으로 많은 자료를 찾지만, 자신이 입력한 검색어에 걸린 단편적인 정보만 보기 때문에 무엇이 진짜이고 가짜인지를 분별하기 어려워한다. 인터넷에 떠돌아다니는 다양한 주장과 정보를 초등학생이 비판적으로 판단해 진위 여

단어 퍼즐로 5·18 당시의 상황을 알아본 다음 5·18기념재단 페이스북 글을 댓글로 응원하고,
게시물을 자기 SNS에 공유했다.

우리 반 아이들은 크리에이터

부를 가리기란 매우 어렵다.

언론뉴스, 책, 연구논문 등은 기본적으로 신뢰할 수 있는 전통적인 매체다. 여기서 얻은 정보라도 다른 정보와 비교함으로써 더 일반적이고 최신의 주장과 근거를 따져보는 노력이 필요하다고 안내해준다. 매체에 대한 비판적인 사고력 기르기은 한두 시간 수업으로 완성되는 것이 아니다. 학생들이 단순히 검색에 나온 결과가 다 맞는 말은 아니라는 것만 알아도 큰 발전이다.

도덕 수업 도덕시간에는 진실된 반성과 사과가 없고, 책임지는 사람도 없는 안타까운 현실 속에서 상처를 안고 살아가는 피해자 가족들의 마음을 헤아려본다. 또한 SNS로 5·18기념재단 페이지에서 5·18 민주화 운동에 대한 게시글을 확인하고, 자신의 SNS 계정에 직접 공유함으로써 5·18 민주화 운동을 응원하는 활동을 한다. 더 이상 5·18 민주화 운동이 왜곡되지 않고, 책임자가 처벌받고, 피해자들이 회복되기를 바라는 댓글을 달아서 말이다.

끝맺기

많은 시간이 필요하지는 않았다. 원래 교육과정이라면 1시간에 끝나는 사회수업이지만, 국어와 도덕을 합쳐서 3시간 수업하면서 학생들의 활동 모습을 간단하게 촬영했다. 이 영상은 앞으로 다른 학생들에게 5·18 수업을 할 때 동기유발 자료로 활용할 생각이다.

The flower season

5.18 영상을 적으며 선생님이 5.18은 뮤지 설명도 해주시고 문장 만들기도 하였다. 5.18 사이트에 들어가서 댓글을 남겼다. 5.18이란게 뮤지 처음엔 듣도보도 못했는데 선생님을 통해 알게되었다. 5.18 영화 '택시운전사'는 서울택시기사가 돈을 많이 주는 외국손님을 모시고 광주에 갔다가 여러가지 수난을 겪는 영화이다. 원래 그 손님은 독일에서 온 '위르겐 힌츠페터'라는 기자였다. 광주에서 일어난 일을 세상에 알리려고 왔다했지만 말이 안통하였다. 그 일이 끝나고 귀국후에 광주의 민주화 운동은 세상에 널리 알려졌다. 위르겐 힌츠페터라는 기자분이 김사복씨를 만나지 못하고 돌아갔다. 김사복이라고 쓰고 전화번호를 틀리게 썼다. 그 당시 말이 안통해서 몰랐던건지 일부러 그렇게 쓴 건지 모르겠다. 영상을 적으며 재미있었던것은 페이스북에 댓글을 남긴것이다. 그 사이트는 역사왜곡을 하려는 이들이 있어서 만들어진것 같다. 앞으로 역사를 왜곡하려는 사람들이 줄어들고 나중엔 아예 없는 세상이 되면 좋겠다. 우리가 만든 UCC를 통해 더 많고 새로운 것을 알게되었고 우리나라의 존재하는 많고많은 역사를 기억하고 인물들도 존중해야겠다. 그리고 댓글을 길게 쓰진 못했다. 아직 모르는게 더 많고 알아야 할것도 많기 때문에!

김나라

SNS로 수업하자 학생들이 어떤 SNS를 사용하고, 어떻게 활동 중인지 파악할 수 있는 점도 좋았다. SNS 활동은 생활지도와도 연관이 있으니까 말이다. 또한 SNS상에서 5·18기념재단 관련 소식을 계속 받아봄으로써 수업 이후에도 계속 5·18 민주화 운동에 대한 관심을 유지할 수 있었다.

5·18 민주화 운동은 주제부터 쉽지 않았다. 내용도 어렵고 분위기도 무거웠다. 나는 교사로서 한 걸음 떨어져, 학생들이 이 역사적 사실을 어떻게 받아들이고 반응하는지 영상에 담았다. 학생들은 누구의 이야기가 거짓인지 알고 있었다. 자신의 이익을 위해 다른 사람의 자유와 생명을 짓밟았으면 안 된다는 사실도 깨우쳤다. 그리고 가만히 있지 않았다. 가상의 공간이지만 기억하고 기록하고 공유했다.

네 번째 프로젝트,
성역할이 뭐예요? 우리는 신경 안 써요!

한국양성평등교육진흥원
성평등 콘텐츠 공모전

교과연계

주제	교과	핵심역량	성취기준	학습내용
성평등으로 알아보는 인권과 공정	음악	심미적 감성	[6음01-01] 악곡의 특징을 이해하며 노래 부르거나 악기로 연주한다.	〈Just Equality〉 노래 제창으로 부르기.
	도덕	공동체	[6도03-02] 공정함의 의미와 공정한 사회의 필요성을 이해하고, 일상생활에서 공정하게 생활하려는 실천의지를 기른다.	성평등의 관점에서 학교 바라보고 문제점 찾아 역할극 하기.
	체육	경기수행능력	[6체03-02] 필드형 게임의 기본 기능을 탐색하고 게임 상황에 적용한다.	축구경기하기.

우리 반 아이들은 크리에이터

제작 계기

초등학교에서 성평등이 문제 되는 경우는 별로 없다. 번호도 남녀 구별 없이 이름순으로 섞여 있고, 학급 임원도 비율이 비슷비슷하다. 그럼에도 무거운 물건을 들거나 힘 써야 하는 심부름은 주로 남학생을 시키게 된다. 교실 환경을 꾸미거나 정리정돈은 여학생에게 시키는 경우가 많다. 여러모로 아직 성역할에 대해서는 고민이 많다.

심지어 내가 가르치는 초등학교 고학년은 2차 성징이 시작되는 시기다. 성평등, 성역할, 성교육까지 고민을 안 할래야 안 할 수가 없다. 이런저런 이유 중에서 성평등으로 프로젝트 수업을 하기로 결심한 가장 결정적인 계기는 우리 반에 군인을 꿈꾸는 여학생이 있다는 것이다. 학생들의 진로와 관련해 성평등한 관점에서 성역할 이해를 도울 수 있으면 좋지 않을까 싶었다. 여자라서, 남자라서 할 수 없는 일이나 직업은 존재하지 않는다는 사실을 알려주고 싶었달까.

서로를 이해하고 배려하는 게 성평등의 시작이기에, 인성교육차원에서도 성평등 교육이 필요하다고 생각했다. 고민 끝에 성별에 관계없이 누구나 뭐든지 할 수 있다는 메시지를 영상으로 재미있게 전달하기로 마음먹었다.

5~6학년군 성취기준에 직접적으로 성평등, 공정에 대한 내용이 나와 있지는 않다. 그렇지만 인권과 공정을 넓은 의미로 보고, 거기서 성차별을 소주제로 정한다면 성평등까지 이야기를 확대할 수 있으리라 판단했다.

수업의 실제

음악 수업 처음 프로젝트의 산출물로 설정한 것은 뮤직비디오다. 학생들이 기본적으로 노래를 좋아하기도 하고, 성평등에 대해 우리가 공부한 내용을 잘 알릴 수 있는 포맷 역시 뮤직비디오라고 보았다. 노래는 한국양성평등교육진흥원에서 홍보한 〈Just Equality〉를 골랐다. 노래 자체가 성적으로 불평등한 장면을 위트 있게 꼬집어, 우리 뮤직비디오의 참고 자료가 되었다.

음악시간에 노래를 배우고, 학생 전체가 처음부터 끝까지 제창으로 노래하면서 녹음했다. 바다식목일에서는 파트를 나눠 따로따로

학생들이 성별 구분 없이 한목소리로 양성 평등 노래를 녹음중이다.

우리 반 아이들은 크리에이터

녹음했다면 이번에는 여자와 남자가 섞여서 한목소리로 노래를 불렀다. 함께하는 목소리에서 힘이 느껴졌다.

노래에 맞게 적당한 장면을 넣는 데서 한발 더 나아가, 나름의 기승전결을 넣어보기로 했다. 첫 장면은 한때 뉴스 화제였던, "학교운동장에는 왜 남학생들만 있을까요?"에서 착안했다. 남학생과 여학생이 학교 운동장에서 서로 축구하겠다고, 으르렁대며 싸우는 상황을 설정한 것이다.

성역할에 대한 잘못된 편견의 문제점을 드러내려는 내용이므로, 당연히 남자일 거란 생각이 드는 장면에 여학생을, 당연히 여자일거라 생각한 역할에 남학생을 썼다. 의식의 전환을 유도하는 내용들로 엮은 셈이다. 성별을 떠나 서로 돕는 모습이 행복한 사회를 만든다는 메시지를 담기 위해 갈등 상황과 교차로 화해하는 모습도 넣었다.

도덕 수업 '성평등'에서 '평등'에 주목해 학교에서 '남자' 또는 '여자'라는 이유로 겪었던 불평등과 차별에 대해 이야기했다. 수업을 통해 나온 이야기들을 뮤직비디오에 넣을 생각이었다. 청소할 때 남학생만 책상을 나른다거나, 급식실에서는 여자만 일한다거나 하는 이야기가 나왔다. 성역할 고정에 대한 이야기였다. 아이들은 여학생은 약하다는 편견도 지적했다. 학교에서 발견할 수 있는 성불평등을 같이 고민하고, 잘못된 성역할 고정이 일어날 수 있는 상황들을 정리했다. 성별에 따른 차별 없이 공평하고 공정한 사회가 되려면 꼭 공부해야 하는 부분이라고 생각한다.

남학생은 급식 배식을, 여학생들은 운동장에서 축구 때문에 남학생들과 다투는 연기를 했다.

우리 반 아이들은 크리에이터

무거운 책상도 잘 나르고, 축구도 잘하는 여학생들의 모습을 영상에 담았다.

체육 수업 수업시간뿐만 아니라 아침과 점심시간도 이용해 남학
생과 여학생이 함께 축구하면서 영상에 필요한 장면을 찍었다. 여학
생들이 일방적으로 밀리면 어쩌나 했는데 어쩌나 적극적으로 공을
빼앗고, 경기에 참여하는지 영상을 찍으면서 놀랐다. 슛 정확도도 남
학생들보다 좋았다.

끝맺기

이번 영상에서는 스마트폰용 짐벌로 다양한 각도에서 부드럽게 앵
글의 변화를 주었다. 급실실 배식 학생의 얼굴이 나중에 보이는 장면
①, 화면이 축구공부터 발끝을 거쳐 얼굴로 올라가는 장면②. 둘 다

양성평등

양성평등 UCC를 만들기 위해서 우리들은 양성평등을 알아야 했다.
양성평등이란 남, 여를 차별대우하지 않는 것이다.
우리가 양성평등을 알게 되었으니 UCC를 만들었다.
우리는 남자가 걸래 질도 하고 청소기도 쓰고 급식도 나누어주고
여자는 무거운 책상도 옮기고 공을짜서 골대에 공을 넣고 남자가 옮기던
책을 들어 같이 옮겨 도와주게도하고 그리고 저번에 채형학 논가서 군인들
과 사진을 찍었는데 그때 여군도 있었는데 신기했다. 평소에는 남자군인들
만 봤는데 처음봤다.
우리는 영상을 다찍고 노래도 불렀다. 노래 제목은 JUST Equality
라는 노래였다.
노래를 부르는 도중에 선생님께서 카메라를 우리 얼굴에 가까이 와
버려서 웃어버려 여러번 다시했다.
이 UCC를 찍으면서 여러가지를 알았다. 남자 여자 할것없이 각자 할
수있고 없는일은 없다는점 알았다. 이UCC를찍으면 급식도 누어주 던게재미있었다.
다른 사람들이 이 UCC를 보며 양성 평등을 알았으면 좋겠다.

2019년 9월 4일
김준희

82

우리 반 아이들은 크리에이터

짐벌을 활용한 연출의 결과물이다. 짐벌에 대한 좀 더 자세한 설명은 124쪽에 있다.

이번 영상에서는 '혹시 몰라' 미리 찍어둔 장면도 넣을 수 있었다. 4월 초, 독립기념관을 방문했을 때 군인이 꿈인 여학생을 위해 군인 언니, 오빠가 함께 경례해주는 장면이었다. 언제 어디서 어떻게 쓰일지 모르니 많이 촬영해두는 것은 역시 좋은 습관임을 새삼 깨달았다.

완성된 작품은 한국양성평등교육진흥원에서 주관한 성평등 콘텐츠 공모전에 출품하여 1차 수시공모전 금상을 수상했다. 수상작 자격으로 자동 출품된 같은 기관의 성평등 콘텐츠 대전에서는 뮤직비디오 부문 최우수상도 수상했다.

⌜ 참고 자료와 저작권 ⌟

영상을 만들다보면 다른 사람이 만들어놓은 이미지, 도표, 기사 등을 활용해야 할 경우가 생긴다. 이런 경우, 저작권을 침해하지 않도록 주의해야 한다. 사진이나 일러스트 같은 이미지 자료뿐만 아니라 기사나 기타 자료도 출처를 분명하게 밝혀야 한다. 가능하다면 저작권자의 허락을 받는 것이 제일 좋다.

이미지의 경우에는 게티이미지나 픽사베이 등 여러 이미지 사이트에서 무료 이미지를 제공받을 수 있다. 모든 이미지가 무료인 것이 아니라, 유·무료 이미지가 섞여 있는 것이니 유의해서 사용하자.

음악의 경우에는 한국음악저작권협회 사이트에서 검색되는 저작권자와 협의하고, 정당한 사용료를 지불해야 한다. 배경음악에 돈을 쓸 수 있는 상황이 아니라면 무료 음원을 적극 사용하자. 무료 음원은 유튜브 오디오라이브러리 또는 공유마당 등 여러 사이트에서 다운받을 수 있다. 참고로, 비영리 목적 시에만 무료이고, 상업적 이용에 대해서 유료일 수도 있으니 잘 확인하자. 공모전 출품이나 인터넷 업로드를 생각한다면 저작권은 반드시 해결해야 한다.

음악과 더불어 글꼴도 저작권 위반에 걸리기 쉽다. 참고로, 나는 바다식목일 UCC를 만들면서 자막 글꼴이 프로그램에서 적용되지 않아 애를 먹었다. 프로그램이 글꼴을 인식하지 못해 정말 기본 글꼴만 가지고 작업해야 했다. 수상 후 다행히 문제를 해결한 수정 영상을 다시 제출할 수 있었는데, 이 과정에서 글꼴 저작권에 대해 폭넓게 이해할 수 있었다.

글꼴 저작권은 온라인, 오프라인, 인쇄, 상업, 비상업 등 여러 갈래로 나뉘어 있다. 예를 들어, 네이버에서 무료 글꼴을 다운받아 사용한다 치자. 이 글꼴은 항상 무료인 것일까? 무료 배포하는 글꼴이어도 사용 방법과 목적에 따라 무료가 아닌 경우가 있다. 심지어 자간만 바꿔도 저작권법 위반인 경우도 있다고 한다. 그러므로 글꼴 사용 시에는 저작권이 어떻게 되는지, 어디까지 무료인지 꼭 확인해야 한다. 정말 조심하지 않으면 의도하지 않게 저작권을 침해할 수 있기 때문이다.

한 가지 팁을 주자면 각 기업이나 지자체 또는 단체에서 홍보 목적으로 배포하는 글꼴의 경우, 저작권이 무료인 경우가 많다. 이런 글꼴들로 자막을 만드는 것도 하나의 방법이다.

아이들의
메이킹필름

다섯 번째 프로젝트,
앉아서 세계 여행할래요!

교과연계

주제	교과	핵심역량	성취기준	학습내용
세계 여러 나라의 자연과 문화	국어	지식정보처리	[6국01-04] 자료를 정리하여 말할 내용을 체계적으로 구성한다.	발표 상황에 맞는 영상 자료 만드는 방법 배우기.
	사회	창의적 사고	[6사07-03] 세계 주요 기후의 분포와 특성을 파악하고, 이를 바탕으로 하여 기후 환경과 인간 생활 간의 관계를 탐색한다.	세계 여러 나라의 자연과 문화 조사하여 발표 자료 만들기.
	국어	의사소통	[6국01-05] 매체 자료를 활용하여 내용을 효과적으로 발표한다.	우리 반 영상 발표회.

제작 계기

6학년 2학기 국어과 4단원은 '효과적으로 발표해요'다. 이 단원에서는 여러 매체를 활용한 발표를 배운다. 그리고 2학기 사회과 1단원은 '세계 여러 나라의 자연과 문화'다. 이때는 다양한 나라의 각기 다른 기후와 생활모습을 배운다.

'이 둘을 함께 합쳐서 세계 여러 나라의 자연과 문화에 대한 발표자료를 만들면 어떨까?' 하고 프로젝트 수업을 하기로 마음먹었다. 국어과에서는 방법을, 사회과에서는 내용을 배우니 둘을 합치면 내용과 방법을 아우를 수 있지 않은가.

단순한 발표나 모둠별 조사활동 보고서 또는 벽신문보다는 영상이 학생들의 흥미를 더 높일 수 있지 않을까 생각하기도 했다. 보고서를 만들다보면 초등학생임에도 무임승차 이야기가 많이 나오는데, 그에 비해 영상 제작에는 상대적으로 다들 적극적으로 참여한다.

수업의 실제

국어 수업 위에서 언급한 대로 6학년 2학기 국어과 4단원 '효과적으로 발표해요'는 사진, 음악, 표, 그래프, 영상 등 다양한 매체의 특징에 대해 배우고 주제에 맞는 매체 자료를 찾아보는 수업이다. 우리 반 아이들은 실습으로 영상 제작 방법을 배웠다. 이때 학생들이 처음 영상을 만든다면 안내를 잘해줘야 한다. 스마트폰으로 영상 찍는 데는 익숙해도, 영상 편집에는 익숙지 않으니 말이다.

우리 반 아이들은 크리에이터

스마트폰에서 활용 가능한 편집 프로그램으로는 키네마스터가 있다. 조작이 굉장히 직관적이고 사용하기 쉽다. 또 크로마키 기능이 꽤 쓸 만하다. 유튜브에도 키네마스터를 설명한 영상이 굉장히 많다. 이 책 끝부분에도 간략한 키네마스터 사용법 설명이 있다. 유튜브 동영상 등으로 키네마스터 사용법을 설명한 다음에는, 연습 삼아 간단한 영상 제작 과제를 내주자. 영상을 만들어오면 이 영상을 개별적으로 또는 모두 함께 보고 피드백 해준다.

이때 영상 공유가 의외로 어렵다. 초등학생들은 대부분 용량이 작은 데이터 요금제를 쓰기 때문이다. 학교가 교실까지 무선인터넷망을 전달한다면 그나마 낫지만, 학내 무선망 또는 교사의 핫스팟을 이용하더라도 영상 받아보기가 쉽지 않다. 카카오톡은 300MB 이상 영상이 전송되지 않고, 용량이 큰 영상 파일은 이메일 첨부 파일 최대용량도 넘기기 일쑤다. 클라우드에 올리는 것도 방법이지만 이 방법 역시 데이터가 필요하다.

나는 주로 PC에 스마트폰을 연결해 파일을 추출한다. 별다른 프로그램을 이용하지 않는다면 영상 상세 정보에서 저장된 위치를 확인하고, 탐색기로 복사하면 된다. 그래서 내 책상 위에는 항상 여러 케이블이 준비되어 있다. 그렇지만 케이블이 있다고 안심해서는 안 된다. 케이블도 한 번씩 말썽이기 때문이다. 케이블은 데이터 전송이 가능한 것과 충전만 되는 것으로 나뉜다. 육안으로는 확인하기 어려워 충전 케이블을 컴퓨터에 연결하니 데이터 전송이 되지 않아 당황스러운 경우가 종종 생기니 미리미리 확인하는 것이 좋다.

사회 수업 원래는 기후, 인문환경, 자연 환경에 중점을 두고 알아보는 내용이지만, 우리 수업에서는 세계 여행을 콘셉트로 삼아 세계 여러 나라의 음식과 유명 관광지 등을 조사했다.

학생들이 직접 찾은 사진과 영상 제작 시 활용했는데, 자료 출처를 반드시 밝혀야 한다는 점을 강조했다. 이럴 때는 해당 장면의 화면 아래나 위쪽에 출처를 자막으로 표시하는 것이 가장 무난하다. 원본 제작자의 사용 허락을 받으면 제일 좋고 말이다. 이렇게 저작권 교육도 함께할 수 있었다.

찾은 사진과 영상에는 크로마키 기법으로 자기 모습을 넣도록 했다. 크로마키란 단색 배경지 앞에서 촬영한 영상에 가상의 배경을 넣는 기법을 가리킨다. 실제 촬영과 광원이나 분위기가 다르기 때문에 어색한 영상이 만들어질 가능성이 높지만, 이 같은 어색함도 크로마키의 매력 아닌가 싶다.

크로마키 효과를 구현하려면 배경지를 구비해놓아야 한다. 학생 2, 3명의 전신이 들어가려면 가로 2, 3M, 세로 2M 정도 크기의 배경지가 필요하다. 색상은 채도와 명도가 높은 녹색이나 파랑색을 주로 사용한다.

인터넷에서 검색하면 종이 재질, 필름 재질, 부직포 등으로 만들어진 배경지가 많이 있다. 배경지 자체는 크게 비싸지 않지만 배경지를 걸어놓을 스탠드가 필요하다는 점과 크기 때문에 배송비가 많이 든다는 것은 미리 염두에 두어야 한다.

배경지 앞에서 촬영한 뒤, 크로마키 효과로 공항 배경을 합성했다.

크로마키 촬영 시에는 가능한 한 강한 조명으로 찍는 것이 좋다. 선명한 영상일수록 배경으로 입혔을 때 효과가 좋기 때문이다. 키네마스터에서는 터치 몇 번이면 배경을 마음대로 넣을 수 있다. 크로마키로 배경을 넣을 때 자막이나 기타 효과도 넣는다.

나는 이때 중간 점검을 했다. 수업의 의도와 영상의 주제가 일치하는지, 과격하거나 이상한 표현은 없는지 검토했다. 영상의 완성도를 높이거나 주제를 더욱더 잘 표현할 방법이 있어 보이면 콩트나 상황을 넣어보라고도 간단히 조언했다.

국어 수업 이렇게 열심히 제작한 영상으로 영상 발표회를 열고, 소감을 듣고 평가하는 시간을 가짐으로써 과정중심평가를 진행했다. 이때 평가지에는 당연히 영상 관련 항목이 들어간다. 내용이 주제와 맞는지, 편집이 매끄럽고 여러 효과가 적절하게 사용됐는지.

영상을 평가할 때는 간단한 체크리스트를 활용하면 좋다. 다른 모둠의 영상 중에서 가장 잘 만들었다고 생각하는 영상도 뽑아보면 학생들이 생각하는 가장 잘 만든 영상도 확인할 수 있다.

모둠원끼리도 서로를 평가한다. 모둠원 간에 역할 분담이 잘됐는지, 참여도는 어땠는지 평가해볼 수 있다. 학생들은 꽤 솔직하기 때문에 생각보다 정확한 상호평가가 가능하다. 마지막에는 자기평가로 배운 점과 보완할 점을 점검할 기회도 준다. 전체적으로 마무리하면서 학생들에게 한 장씩 소감문을 받아보면, 교사도 프로젝트의 성과를 직접 확인할 수 있다.

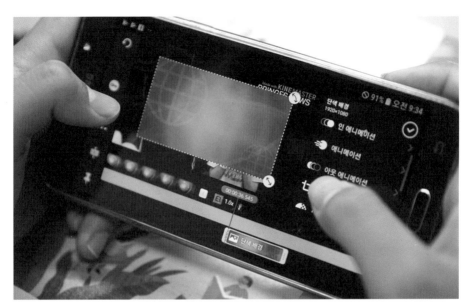

아이들의 추억이 담긴 메이킹 장면들이다.

세계여행 영상을 제작으면서 먼저 크로마키 배경을
사용했는데 크로마키 하나로 가고싶은 곳을 다
갈수있어서 신기했다. 그리고 수용이가 가이드 역을
하면서 우리에게, 우리가 여행하는 나라들의 특징을
알려주었다. 브라질의 유명장소 "산티아고 대성당,
칠레의 예수상, 아르헨티나의 마사로나다 등
우리가 몰랐던 것을 영상을 찍으면서 알게되었고
약 20분정도 찍다더니 다 찍어서 편집을 했다.
그리고 그 나라들의 위치도 알게 되었다.
그리고 영상을 제작으면서 공부도 했고 석2초였다.
그리고 내가 잘 모르고 있던 나라들의 특징도 알면서
정말 재미있다. 그리고 계속 나오는 ng 때문에 화가날때만
걱정고 계속 찍다보니 어느새 영상이 완성 됐다.
그 영상을 보면서 우리가 다른 친구들보다 잘한게
아니어도 나는 정말 잘 만들었다 생각했고, 노력
해서 나온 영상을 보니 마음이 뿌듯
해졌다. 그리고 이 영상을 만들면서 같이웃고,
합을 맞춰 찍다 하다보니 원래 친했지만
더 더욱 친해진것 같다. 그리고 세계여행
을 하고싶은데 여행을 못 가잖아 우리처럼 크로
마키를 써보는걸 추천한다.

최윤찬

촬영 중 NG가 나서 못 쓰는 영상 중 재미있는 내용만 따로 모아서 메이킹을 만들어보라고 했는데, 아이들은 메이킹에 NG 모음뿐만 아니라 회의부터 편집 과정까지 담았다. 이 메이킹이 본편보다 더 반응이 좋았는데, 추억으로 남길 수 있어서 더더욱 그렇지 않았나 싶다.

끝맺기

이전 프로젝트까지는 주제 설정과 촬영, 연출을 교사인 내가 주도했지만, 이 프로젝트부터 학생들의 주도로 영상을 만들었다. 그동안 참여하면서 배운 내용을 직접 수행한 셈이다. 경험이 없는 탓에 아이들이 고생도 많이 했다. 국가는 정했는데 무슨 내용을 넣을지 고민하느라 시간을 너무 많이 쓴 모둠도 있었고, 영상을 실수로 지워서 다시 찍어야 했던 모둠도 있었다. 다 만든 영상을 메일로 보내지 못해 당황한 모둠도 있었다. 또, 영상도 기대만큼 잘 나오지는 않았다. 잘 맞지 않은 크로마키 때문에 배경이 이리저리 잘려서 이상한 부분도 있고, 녹음이 제대로 안 돼 목소리가 안 들리는 부분도 있었다.

옆에서 지켜보자니 진행 과정이 답답하고, 화가 날 때도 있었지만 참고 또 참으면서 한 번이라도 더 알려주고, 격려한 것은 직접 영상 편집까지 해보는 과정이 학생들에게 좋은 경험이 되리라 믿었기 때문이다. 앞으로 다시 영상을 제작한다면 시행착오를 겪으며 쌓은 노하우 덕에 이것보다 더 나은 영상을 지금보다 쉽게 만들 수 있지 않을까?

여섯 번째 프로젝트,
우리 반 뉴스를 보도합니다!

뉴스   메이킹

교과연계

주제	교과	핵심 역량	성취 기준	학습 내용
세계 여러 나라의 자연과 문화	국어	지식정보처리	[6국01-04] 자료를 정리하여 말할 내용을 체계적으로 구성한다.	발표 상황에 맞는 영상 자료 만드는 방법 배우기.
	사회	창의적 사고	[6사07-03] 세계 주요 기후의 분포와 특성을 파악하고, 이를 바탕으로 하여 기후 환경과 인간 생활 간의 관계를 탐색한다.	세계 여러 나라의 자연과 문화 조사하여 발표 자료 만들기.
	국어	의사소통	[6국01-05] 매체 자료를 활용하여 내용을 효과적으로 발표한다.	우리 반 영상 발표회.

우리 반 아이들은 크리에이터

제작 계기

아이들은 크로마키 기법을 매우 재미있어한다. 다양한 이야기가 가능한 덕일 것이다. 더불어 크로마키 기법을 배우고 나니 만들 수 있는 영상도 많아졌다. 그중에 '뉴스 만들기'가 있었다. '뉴스 만들기'란 6학년 2학기 국어과 6단원, '정보와 표현 판단하기'의 한 꼭지다. 뉴스와 광고의 특징을 알아보고 직접 뉴스를 만들어보라는 내용이다. 원래는 뉴스 원고를 써서 수업 시간에 발표하는 활동이지만, 이미 영상 제작 역량이 있는 학생들이기 때문에 영상으로 만들기로 결정했다.

수업의 실제

국어 수업 우리 반 학생들은 이미 영상을 찍고 크로마키 효과로 편집할 수 있는 역량을 갖췄다. 그러니 영상 그 자체보다는 뉴스의 짜임을 이해하고, 의미 있는 뉴스 만들기에 초점을 두는 것이 좋겠다는 생각이 들었다. 영상을 채우는 것은 결국 내용이니까.

하지만 학생들은 뉴스의 주제를 잡는 것부터 어려워했다. "우리 주변에서 많은 사람이 관심을 가질 만하거나 최근에 일어난 일, 알아두면 유익한 정보 등을 직접 취재해보자." 말해줘도 여전히 어려워했다. 이럴 때 유튜브 검색이 많은 도움이 된다. 다른 학생들이 이미 올려놓은 뉴스 영상들을 보다 보면 아이들이 '이런 수준에서 이렇게 만드는 거구나' 하고 이해하기 시작한다.

주제가 정해지면 대본을 써야 한다. 일반적인 뉴스의 짜임과 마찬

뉴스 배경에 자막으로 뉴스 타이틀을 만들었다.

가지로 학생들도 '진행자의 도입-기자의 보도-기자의 마무리'로 대본을 쓰도록 했다. 뉴스 대본을 완성 후에 촬영에 들어갔는데, 직접 취재한다면 대본에 인터뷰할 사람, 질문도 포함시켜야 한다는 사실을 완성 전에 미리 알려줬다. 기자의 보도는 내용에 따라 별도로 취재했다. 참고로, 가능한 한 학교 안에서 해결 가능한 주제로 유도해야 아이들이 영상을 제작하기가 조금이라도 쉬워진다.

촬영이 마무리된 뒤에는 편집에 들어가도록 했다. 크로마키용 배경지 앞의 진행자를 촬영한 영상에는 인터넷으로 다운받은, CG 처리된 뉴스 배경을 사용했다. 아이들은 그럴 듯한 시그널 음악까지 곁들여 멋진 오프닝을 만들었다. 한쪽 구석에 보도할 뉴스의 영상을 조그맣게 넣었다. 이렇게 기본 구성을 마친 다음부터는 자막같이 세세

우리 반 아이들은 크리에이터

노화북초등학교 김태완 분위기잡아...

주요소식　편집자 김평정, 형 때문에 걱정이돼어......

모자이크 효과로 취재원을 보호하는 장면을 연출하고,
한 줄 뉴스로 그럴 듯한 뉴스 화면을 만들었다.

우리는 처음으로 뉴스 만들기를 하였습니다. 세 명씩 네 팀으로
나뉘어서 팀초마다 어떤 주제로 할 지 정하였습니다.
태풍 링링의 피해사례, 학업으로 인한 스트레스, 스트레스를 극복하는
방법, 홍수가 났던 때 등, 이러한 주제로 뉴스를 만들었습니다.
처음 이기 때문에 모르는 것이 많아서 동영상 자료도 찾아보고, 직접 인터뷰
도 해보고, 많은 자료를 찾고, ~~영상에~~ 대본을 썼습니다. 뉴스에 대해
잘 몰라서 어려웠지만 쓰다 보니 더 알게 된 것도 많고, 대본 쓰기가 더
쉬웠습니다. 대본을 다 쓰고 난 뒤 영상을 찍기 시작하였습니다.
크로마키 배에서 대본에 써진 내용을 확인하며 ~~촬영을~~ 촬영을 합니다.
~~~~ NG도 엄청 많이 났지만, 시간도 엄청 오래 걸렸지만 다 찍고 나서
발표했었습니다. 영상을 다 찍고 편집을 해야 해서 키네마스터 라는
앱으로 ~~편집을~~ 합니다. 영상을 이어붙이고, 크로마키를 사용해서 뒷배
경을 넣고 사진에도 찾아서 응용해봤습니다. 그렇게 뉴스 영상이 완성
되고, NG 영상 들을 가지고 메이킹도 만들었습니다. 그리고,
발표를 할 때 영상 을 다시 보니 처음치고는 퀄리티도 높고 우리는 뭐를
했다는 것이 정말 뿌듯하고 자랑스러웠습니다. 그래서 이때까지 힘들었던
~~것~~ 것이 괜찮아 지는 것 같았고, 또 친구들이랑 해서 재미있고 더
쉽고 빠르게 했던 것 같았습니다. 다음에 한 번 더 뉴스를 만들면
더 정확한 자료로 전보다 더 두렵 없게 만들 수 있을 거 같습니다.
어쨌든 정말 재미있었고 인생에서 많이 해볼 수 없는걸
한 것 같아서 ~~좋았~~ 좋았습니다.

한 부분을 정리했다. 뉴스 화면에서는 자막이 큰 역할을 한다. 진행자와 기자 이름을 넣을 수도 있고, 뉴스의 제목을 넣을 수도 있다. 한 줄 뉴스를 넣는 것도 가능하다. 자막을 다양하게 활용함으로써 알차게 화면 구성을 할 수 있다.

이 영상으로 학부모 공개 수업을 진행했는데, 그럴 듯한 영상 속 자기 아이에게서 눈을 떼지 못하는 학부모의 모습에 내심 흐뭇했다. 또한 진지한 뉴스인데 터져나오는 웃음 때문에 NG 내는 아이들의 모습이 담긴 메이킹 영상은 보는 사람들을 행복하게 만들어줬다.

끝맺기

두 번째 영상 제작이라 학생들은 이전보다 확실히 덜 헤맸지만 주제를 정하고, 대본이 나오기까지는 여전히 오랜 시간이 걸렸다. 일단 학생들은 뉴스를 본 경험 자체가 적으니까. 촬영에도 어려움이 많았다. 간단한 멘트 한 줄을 열 번, 스무 번 다시 찍어야 했다. 웃음을 참지 못하고, 발음이 꼬이고, 찍는데 수업종이 치고.

그럼에도 학생들이 만든 뉴스는 주변 이야기를 잘 전달했다. 학원을 너무 많이 다녀서 힘들다는 이야기, 집에서 키우던 소가 태풍에 떠내려간 이야기 등등. 덧붙여 한 줄 뉴스, 뉴스 제목으로 만든 오프닝 타이틀 등의 연출이 생각보다 섬세했다. 점점 발전하는 모습에 '학생들의 역량이 커져가는구나' 하고 재미도 느낄 수 있었다.

거꾸로 학습으로 편집 시간 확보하기

요즘 아이들은 참 바쁘다. 그런데 영상을 만들라고 하니 회의도 해야 하고, 촬영도 해야 하고, 편집도 해야 하는데 만날 시간이 없다고 아우성이었다. 이런 분위기에서 나는 '배울 내용은 산더미인데 어떻게 하면 학생들이 활동할 시간을 확보할 수 있을까?' 고민했다. 그러다 거꾸로 학습(플립러닝)을 시도해보았다.

거꾸로 학습은 학습 내용으로 만들어진 영상을 수업 전에 배포함으로써 개인별로 미리 학습을 마치도록 돕는다. 학교 수업에서는 영상으로 공부한 내용으로 실제 활동을 한다. 시간이 한정된 수업에서 이론과 실기 병행이 가능하며 배움은 개별적이지만, 활동은 협력해서 한다는 특징이 있다. 한 가지 어려운 점이 있다면 학습 영상을 교사가 준비해야 한다는 것이다. 다행히 우리에게는 유튜브가 있다. 유튜브가 아니어도 교과학습과 직접 관련이 있는 영상은 많이 존재한다. 각 시도별로 존재하는 e학습터뿐만 아니라 에듀넷 티클리어, EBS 등등.

교사의 역할은 많은 자료 속에서 우리 반의 학습 수준과 교과 내용에 알맞은 양질의 자료를 찾는 것이다. 수업 전 학습 내용에 적합한 영상 자료를 공유함으로써 수업 시간에 모둠별로 충분히 회의하고 촬영하고 편집할 시간을 확보할 수 있다. 그러면 수업시간에 교사는 어떻게 해야 할까? 학생들을 관찰하고 중간 점검하면서 조언하자.

뉴스 영상을 만들 때의 각 모둠별로 원하는 뉴스를 만들어보라고 했더니 처음에는 그저 어쩔 줄 몰라했다. 그래서 뉴스의 특징을 복습하면서 뉴스거리와 아닌 것의 예를 들고, 주변에서 최근에 일어난 일 중 다른 사람이 궁금해할 만한 중요한 이야기를 브레인스토밍으로 적어보라고 했다.

12명의 학생들이 3개의 모둠으로 나뉘어 뉴스를 만들었는데, 브레인스토밍 뒤에도 옆 모둠 주제에 휩쓸려 뉴스 내용이 편중될 뻔했다. 다행히 서로 겹치지 않게 자기 이야기를 하는 것이 좋겠다고 설득해서 다양한 뉴스가 만들어질 수 있었다. 취재부터 완결까지, 영상이 만들어지는 기간은 1주일 정도였는데, 처음 주제를 정할 때 언제 촬영하고 어떻게 편집할지 계획부터 세우도록 했다. 그리고 아침마다 뉴스 영상 제작 과정을 점검했다.

대본은 작성되었는지, 촬영은 했는지, 편집에는 들어갔는지 시간이 날 때마다 점검했다. 뉴스 내용이 학생들과 관련된 경우, 중간 놀이 시간, 점심 시간에도 촬영하도록 했다. 편집 시간이 부족하다는 학생들에게는 쉬는 시간에 틈나는 대로 해도 괜찮다고 다독였다. 그중 뉴스 만들기를 재미있어하던 한 학생은 밤잠을 줄이고 만들어왔다며 자랑하기도 했다.

크리에이티브한
우리 반

영상 제작 프로젝트 수업 기획은 이렇게

교육과정과 성취기준으로 주제 선정

아무리 좋은 기획이어도 학생들은 자신이 고른 주제를 더 흥미로 워한다. 그러므로 주제는 학생들로부터 끌어내야 한다. 교사의 주도 로만 프로젝트 수업을 하면 끝내기 어려운 경우도 종종 발생하지만, 학생들이 스스로 재미있다고 생각한 주제는 주말에 모여서라도 프 로젝트를 수행하기 때문이다. 결국 내적 동기의 문제인 셈이다. 그렇 다면 어떻게 해야 학생들로부터 원하는 주제를 끌어내고, 스스로 영 상을 만들고 싶게 할 수 있을까? 평소 학생들과 스스럼없이 소통하 며 재미있는 영상을 공유하다 보면 자연스럽게 학생들의 관심과 흥 미를 알 수 있다. 학생들에게 관심을 갖고 아이들의 흥미를 유심히 살펴보자.

2015개정교육과정은 기존에 제시한 핵심 성취기준의 수를 줄이고, 도달행동에 초점을 맞췄다. 무엇을 어떻게 배우던 간에 결과적으로 학 생이 이러이러한 것을 할 수 있으면 되는 것이다. 여기에 교사의 번뜩 이는 아이디어와 조금의 수고가 더해진다면 수업은 달라질 수 있다.

프로젝트 수업 기획 전에 가장 먼저 해야 할 일은 알맞은 주제를 선택하고, 주제에 맞는 성취기준을 분류하는 것이다. 건강한 식생활을 공부한다 치자. 어떻게 건강한 식생활을 할 수 있는지, 조사한 내용을 영상으로 발표한다면 영상을 수단으로 사용하는 셈이다. 영상을 만듦으로써 의사소통 능력, 협동, 배려 등 학생들의 사회적 역량을 기를 수도 있다. 영상을 통해 다른 사람에게 의미 있는 메시지를 전하고, 공유할 수도 있다.

주제가 정해졌다면 성취기준으로 시수를 확보하고, 교육과정을 재구성해야 한다. 예로 든 건강한 식생활은 실과와 관련이 있다. 그렇다면 [6실02-02]의 '성장기에 필요한 간식의 중요성을 이해하고 간식을 선택하거나 만들어 먹을 수 있으며 이때 식생활 예절을 적용할 수 있다'를 성취기준 삼아 조리 실습 등을 할 수 있다. 그다음으로 미술과([6미01-04])의 성취기준인 '이미지를 활용하여 자신의 느낌과 생각을 전달할 수 있다'로 '건강한 식생활 문화 전파를 위한 캠페인'을 위한 포스터와 표어를 제작한다. 수학과([6수05-04] 자료를 수집, 분류, 정리하여 목적에 맞는 그래프로 나타내고, 그래프를 해석할 수 있다)에서는 학생들의 식생활 습관에 대한 설문조사로 자료를 제작한다. 마지막으로, 영상 제작 시에는 국어과([6국01-05])의 '매체 자료를 활용하여 내용을 효과적으로 발표한다'를 성취기준으로 삼는다. 영상에서 주장하는 바로 듣는 이를 설득하기 위해서다. 이 같은 내용을 표로 정리하면 다음과 같다.

우리 반 아이들은 크리에이터

주제	교과	핵심역량	성취기준	학습내용
건강한 식생활	실과	지식정보처리	[6실02-02] 성장기에 필요한 간식의 중요성을 이해하고 간식을 선택하거나 만들어 먹을 수 있으며 이때 식생활 예절을 적용할 수 있다.	이론 공부와 조리 실습하기.
	미술	창의적 사고	[6미01-04] 이미지를 활용하여 자신의 느낌과 생각을 전달할 수 있다.	건강한 식생활 문화 전파를 위한 캠페인 자료 제작하기.
	수학	지식정보처리	[6수05-04] 자료를 수집, 분류, 정리하여 목적에 맞는 그래프로 나타내고, 그래프를 해석할 수 있다.	영상에 사용할 그래프 그리기.
	국어	의사소통	[6국01-05] 매체 자료를 활용하여 내용을 효과적으로 발표한다.	영상 자료 제작 및 발표하기.

이렇듯 다양한 교과에서 여러 성취기준으로 내용을 채워나가면 영상은 단순히 호기심을 끄는 수업 자료에서 한발 더 나아가, 문제 해결에 중심이 되는 활동으로써 다양한 교과의 성취기준을 아우를 수 있다. 또한 제작 영상은 하나의 산출물로써, 직접 과정중심평가의 자료로 활용 가능하다. 한마디로, 영상 활용으로 프로젝트 수업을 할 수 있다.

프로젝트 수업은 일련의 주제(또는 문제) 아래 여러 교과와 활동을 엮고, 그로써 하나의 산출물을 만들어내는 과정이다. 이 같은 수업 과정에서 학생들은 여러 가지를 실행하고, 배우고, 느낄 수 있다. 그렇다면 프로젝트 수업에서 가장 중요한 요소는 무엇일까? 바로 산출물이다. 조사 학습의 경우 보고서와 신문을 많이 사용한다. 만들기, 그리기 등의 예술 작품이 산출물인 경우도 있다. 당연히 동영상도 얼마든지 산출물로 만들 수 있다.

영상 기획하기란?

본격적인 영상 제작 전에, 미리 구상해야 할 내용은 다음과 같다.

첫째, 영상의 제재는 무엇인가? 프로젝트와 관련된, 대표적이면서도 간단한 제재가 무난하다. 간단한 설명을 덧붙이는 것도 좋겠다. 왜이 같은 제재를 선정했는지, 이유까지 곁들이면 다른 사람들도 영상에 대한 이해를 높일 수 있다.

둘째, 어떻게 이야기를 풀어나갈 것인가? 만약 건강한 식생활이제재라면 "건강한 식생활로 내 몸을 건강하게 하자!", "건강한 식생활이란 무엇일까?" 또는 "건강한 식생활과 잘못된 식생활은 어떻게 다를까?"처럼 다양한 메시지를 전할 수 있다.

셋째, 어떤 형식의 영상인가? 장르와 길이에 관한 내용이다. 패러디, 공익광고, 뮤직비디오, 드라마, 다큐, 뉴스 등의 장르와 15초, 30초, 1분, 3분, 5분, 10분 등 길이를 정해보자. 장르가 뉴스라면 자료와인터뷰 대본이 필요하고, 패러디라면 재치 있는 대사를 써야 하며, 다큐멘터리라면 내레이션과 배경음악이 필요하다. 이 단계에서 전체적인 개요도 정리해보자.

만약 줄거리가 있는 이야기라면 먼저 요약본으로 정리해보는 것도 좋다. 영상 순서에 맞게 등장인물과 상황 또는 사건을 배열해보라. 영상의 길이는 대략적인 예상이기 때문에 정확하지 않아도 되지만, 대략적인 길이에 따라 영상의 호흡이 결정된다는 것은 기억하자. 공모전의 경우 시간 제한이 있는 경우가 많기 때문에 주어진 시간을 잘 활용하려면 시간 배분을 생각하고 전체 시간을 정해야한다.

넷째, 어떤 요소를 어떻게 구성할 것인가? 영상에 들어가는 여러 요소 중 기획 단계에서 점검할 부분은 촬영, 음악, 장소, 편집 프로그램과 구체적인 편집 방법이다. 무슨 장비로, 어떤 촬영 방법을 이용하여, 어떤 내용의 영상을 만들 것인가?

큰 주제는 건강한 식생활이더라도, 설명 방법은 다양할 수 있다. 파워포인트 화면을 사용할 수도 있고, 실제 수업 장면을 넣을 수도 있고, 학생들에게 직접 건강한 식생활과 관련된 그림을 그리도록 할 수도 있다. 급식실에서 밥 먹는 모습을 찍어서 넣을 수도 있고, 미술 시간에 만든 캠페인 자료를 포스터로 넣을 수도 있다.

음악도 영상의 호흡과 분위기를 결정하는 중요한 요소다. 비상업적 의도로, 수업 내 사용에 한해, 기존 음원을 부분적으로 사용할 경우에는 크게 문제가 되지는 않는다. 하지만 외부 공유나 공모전 출품을 염두한다면 저작권을 잘 고려해서 선정해야 한다. 장면과 상황에 따라 다양한 음악을 부분적으로 사용해도 좋다.

촬영 장소도 미리 고려해야 한다. 교실, 학교에서만 촬영하면 자칫 단조로워질 수 있다. 그러니 교실 밖의 다양한 장소로 나가보는 것도 괜찮다. 하지만 장소에 따라 미리 허가를 받거나 협조를 요청해야 할 수도 있다. 장소 선정에 사전 조사가 꼭 필요한 이유다.

편집 프로그램은 편집자가 누구냐에 따라 얼마든지 달라질 수 있다. 학생들에게 편집을 맡길 것인가, 아니면 교사가 직접 편집할 것인가? 편집 프로그램과 편집자에 따라 편집의 세세한 부분이 달라지므로 미리 고민해보는 것이 좋다.

영상 기획이 잘되지 않는다면 마인드맵을 해보라. 생각을 쏟아내고, 이것과 저것을 연결 지어 이리 붙이고 저리 붙여보자. 그러다 보면 생각지도 못한 아이디어가 튀어나오기도 하니까. 어느 정도 생각이 정리된 다음, 기획안을 작성한다. 기획안을 작성하다 보면 생각이 차분해지며 내가 진짜로 만들 수 있는 영상이 그려진다. 그럼 이제 콘티로 넘어가자.

콘티는 수업안이다

영상을 처음 제작할 때는 나도 '콘티' 같은 것은 생각지도 못했다. 그런데 편집하다 보면 꼭 아쉬운 부분이 눈에 띄었다.

'아, 그때 이렇게 찍을걸.'

'화면 구도가 이상하네?'

'이 부분에는 대사가 빠졌군.'

이런 실수를 줄이고, 원하는 영상을 완성하기 위해서는 콘티가 꼭 필요하다. 1분 1초도 허투루 쓰지 않고, 빼먹는 장면이 없도록 세세

우리 반 아이들은 크리에이터

하게 정리하고 숙지하면 효율적이고 효과적인 영상 제작이 가능하다. 마치 공개 수업 시의 수업안처럼 말이다.

그렇다고 콘티 한 장에 모든 것을 담을 수는 없다. 장면마다 미리 콘티를 제작하는 것도 생각보다 어렵다. 모든 장면에 자세한 콘티를 넣다보면 콘티 작성 시간이 영상 제작보다 더 길어질지도 모른다. 하지만 너무 겁먹을 필요는 없다. 콘티의 작성 목적을 생각해보라. 콘티를 작성하는 이유는 무엇일까? 처음부터 끝까지 영상의 구성을 빼먹지 않고 기록함으로써 의도대로 영상을 만드는 일이다. 그렇다면 콘티에서는 꼭 필요한 내용을 빼먹지 않는 것이 가장 중요하다. 그러니 간단한 사진 또는 스케치만 8컷 만화 형식으로 정리한 스토리 보드 형식의 콘티도 충분히 도움이 된다. 물론 자세하게 정리하면 더 좋겠지만 말이다.

비고란에 영상의 장르와 구성에 따른 흐름을 적어놓으면 전체 콘티를 어떻게 작성해야 할지도 명확해진다. 덧붙여 구도를 미리 정하고, 전체 장면을 콘티에 스케치해놓으면 찍을 때 참고할 수 있다. 전신인지 아니면 상반신이나 가슴 높이인지, 가까이에서 표정을 살펴야 하는지 멀리서 찍어야 하는지. 이런 요소들을 정한 다음 배경과 소품을 어떻게 배치할지도 결정한다.

콘티는 화면 연출에도 많은 도움이 된다. 해당 장면에서 가장 중요한 것은 무엇인지, 무슨 메시지를 전달하고 싶은지를 미리 정리해볼 수 있기 때문이다. 기획안은 개별 장면에 대한 구체적인 내용을 기록하지 못하니까 콘티에서 장면별로 자세히 기록하는 셈이다. 화각(화면의 범위). 자막, 배경음악의 분위기, 대사나 인터뷰, 컷과 컷 사이의 전환 등을 미리 구상해서 콘티에 기록하자. 물론 콘티에 적은 설정들은 현장 상황에 따라 얼마든지 변화가 가능하다.

참고로, 콘티 작성 시부터 구도를 미리 염두에 두는 것이 좋다. 아무리 좋은 영상이라도 한 방향에서 한 화각만을 쭉 보여준다면 지루해지기 때문이다. 반대로 필요 이상의 화면 전환과 화각 변화는 보는 사람을 피곤하게 만든다. 영상이 말하고자 하는 메시지를 정확하게 전달하는데 무엇이 가장 필요한가부터 생각하고 구도를 정해보자.

예를 들어, 학생들이 열심히 수업을 듣는 장면을 촬영한다 치자. 반 학생 30명이 전부 나오는 장면도 필요하지만 열심히 수업을 듣고 있거나 활동하는 한 학생을 클로즈업할 수도 있다. 다양한 구도로 주제를 효과적으로 표현할 수도 있다는 말이다. 축구하는 모습을 촬영한다고 하더라도 마찬가지다. 팀 포메이션 설명 영상이라면 멀리서 전체 움직임을 한 번에 보여줘야 하겠지만, 빠르게 달리는 학생의 역동적인 모습을 담고 싶다면 공이 굴러가는 방향에 맞춰 카메라가 패닝(좌우 움직임)하는 화면이 적당하다. 즐겁게 운동하는 모습을 표현하고 싶다면 바스트샷(배꼽 위부터 얼굴까지 나오는 구도)에서 얼굴로 줌인 해서 촬영하는 것이 제일 효과적이다.

촬영 시에는 출연자가 움직이는 경우도 있고, 카메라가 움직이는 경우도 있다. 물론 양쪽 다 움직이는 경우도 있다. 그러니 동선도 콘티에 미리 적어놓으면 좋다. 현장에서의 혼선을 줄일 수 있기 때문이다. 연습 장면도 가능한 한 모두 기록해두자. 실수한 영상도 다 모아놓는

우리 반 아이들은 크리에이터

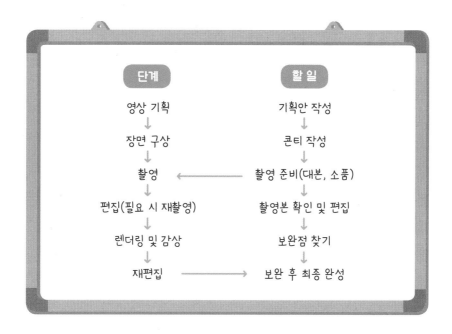

단계	할 일
영상 기획	기획안 작성
↓	↓
장면 구상	콘티 작성
↓	↓
촬영 ←	촬영 준비(대본, 소품)
↓	↓
편집(필요 시 재촬영)	촬영본 확인 및 편집
↓	↓
렌더링 및 감상	보완점 찾기
↓	↓
재편집 →	보완 후 최종 완성

걸 추천한다. 나중에 NG 장면으로도 재미있는 영상을 만들 수 있다.

출연자와 비출연자가 나눠진다면 콘티 작성 시 각자의 역할도 미리 정해준다. 스탭으로 필요한 역할은 조명, 반사판, 마이크, 대본, 콘티, 슬레이트 등 다양하다. 학생들은 직접 참여하는 것을 더 좋아하므로 적극적으로 참여할 수 있도록 다양한 역할을 만들어 맡긴다.

이렇게 콘티 작성을 마치면, 연출이나 연습이 필요한 경우를 제외하고, 촬영 준비는 거의 마무리된 셈이다. 이제 콘티대로 촬영을 준비하면 된다. 다음 페이지에는 실제로 사용할 수 있는 영상 제작 기획안과 콘티 샘플이 있다.

영상 제작 기획안(요약서)

제재			
제재 소개			
선정 이유			
설정 및 중심 줄거리 요약			
구성	장르	길이	비고
예상 반응 (기대 효과)			
촬영 장비	스마트폰, 캠코더, DSLR, 기타( )	촬영 방법	직접 촬영 / 화면 캡처
영상 구성 요소			
영상			
음악			
장소			
편집 프로그램 및 방법			

우리 반 아이들은 크리에이터

콘티 작성하기

장면	No.		
줄거리 및 설명			
촬영 장소	야외, 집	장비 및 기법	스마트폰 촬영
촬영 예정일		길이	
배경음악			
비고	도입부 타이틀→여는 멘트→주제 영상1, 2, 3,→자료 화면→ 인터뷰→정리 멘트→클로징 타이틀→엔딩 크레딧→에필로그 등		

> 비고에는 영상의 흐름을 간단히 기록

	대사

자막	

학교에 필요한 촬영 장비는?

꼭 비싸고 전문적인 장비가 필요할까?

과학기술의 발전과 더불어 영상 장비는 날이 갈수록 저렴해지고 있다. 출시 초기에는 전문가들이나 쓰던 장비를 요새는 일반인들도 부담 없이 사용하지 않는가. 요즘은 풀HD급 촬영용 드론을 50만 원 이하로도 구매할 수 있다. 그래서 영상 촬영이 업이 아닌 일반인들도 드론으로 항공 촬영을 한다. 5년 전만 해도 상상할 수조차 없던 일이다.

그렇다면 무조건 비싸고 전문적인 장비를 구비해야 하는 것일까? 아니다. 솔직히 나는 막 영상 촬영을 시작하는 사람에게 비싼 장비를 추천하지 않는다. 사용 목적과 예산에 맞는 장비를 사용해보고 부족함을 느끼면 또 다른 장비를 갖추는 걸 추천한다.

1학년 학생들의 귀엽고 소중한 순간, 이를테면 입학식을 촬영한다고 해보자. 아이들과 일면식조차 없는 내가 고가의 DSLR을 들고 밝은 단렌즈로 근접해서 찍는다면, 아이들의 표정이 자연스러울 수 있을까? 낯선 아저씨가 커다란 사진기를 들고 돌아다니는 모습에 어린 학생들이 긴장해서 딱딱하게 굳지는 않을까?

우리 반 아이들은 크리에이터

이럴 때는 DSLR에 망원렌즈로 멀리서 당겨 찍는 것이 가장 좋다. 굳이 카메라 달린 드론으로 촬영할 필요는 없다는 말이다. 마찬가지로, 교실에서도 교실의 상황에 맞는 촬영이 가능한 장비만 있으면 된다.

경험상 교사의 영상 제작에 있어서 가장 어려운 점은 촬영 전 준비나 편집이 아니다. 수업이나 활동을 진행하면서 동시에 영상을 촬영해야 한다는 점이다. 학생은 직접 활동에 참여할 뿐더러 교사보다 촬영에 대한 준비와 이해, 촬영기술이 부족한 경우가 많다. 연출 상황이 아니라면 실제 수업을 촬영하는 것은 상당히 어렵다. 학생이 주로 활동하고 교사가 순회하는 수업의 경우가 아니라면 별도의 촬영자가 필요하다.

나는 거치 형태의 카메라 촬영으로 이 같은 문제를 해결했다. 공개수업에서 주로 사용하는 삼각대와 캠코더를 조합해서 말이다. 이런 방식의 촬영은 다양한 앵글 촬영이 어렵지만 2, 3대를 골고루 배치함으로써 보완할 수 있다.

그러나 학교는 언제나 유동적이며, 수업에서도 언제 어떤 일이 일어날지 모른다. 수업하는 교사가 촬영하는데 거창한 장비는 오히려 거추장스럽다. 게다가 본격적인 영상 촬영에는 카메라뿐만 아니라 렌즈, 조명, 마이크, 삼각대 등 여러 장비가 필요하다. 이 장비를 다 준비하려면 꽤 큰돈이 들어간다.

스마트폰은 가장 좋은 촬영 도구

다행히 우리는 대부분 이 모든 장비를 이미 갖고 있다. 스마트폰이 있지 않은가. 스마트폰은 가장 빠르고 손쉽게, 꽤 괜찮은 품질의 촬영본을 제공해준다. 그뿐인가? 다양한 편집 기능도 들어 있다. 스마트폰의 동영상 촬영 기능을 다 쓰기도 생각보다 쉽지 않다. 이 중 슬로우 모션과 타임랩스를 적극 활용하면 재미있는 영상을 많이 건질 수 있다. 물론 스마트폰으로 높은 품질의 동영상을 찍으려면 몇 가지 요령이 필요하긴 하다.

일단 스마트폰으로 촬영하는 사람들이 흔히 하는 실수를 몇 가지 이야기하겠다. 첫째, 렌즈를 깨끗하게 닦지 않고 촬영을 시작한다. 보통 스마트폰 후면의 카메라 렌즈에는 지문이나 이물질이 많이 묻어 있다. 손으로 쓰는 기기이기 때문이다. 그러니 촬영 전에 깨끗한 천이나 휴지로 유분기와 이물질을 닦자.

렌즈를 깨끗이 닦았다면 스마트폰 동영상 촬영 옵션을 확인하자. 기종에 따라 다르지만 기본적으로 확인할 사항은 영상의 크기와 화질이다. 최근 영상의 대세는 4K이지만, 일반 수준에서는 FHD도 충분하다. 1920×1080의 해상도 선택을 추천한다. fps(초당프레임수)를 선택할 수 있다면 30(1초에 30장의 사진으로 영상을 구성함)을 추천한다.

이 밖에 사용하면 유용한 기능은 HDR(풍부한 색조)과 손 떨림 방지 기능이다. HDR은 화면에서 밝은 부분과 어두운 부분의 노출 차이를 줄여서 밝은 부분의 디테일을 살리고 어두운 부분이 너무 검게 나오지 않도록 해준다. 이는 역광이나 야외에서 매우 유용하다.

우리 반 아이들은 크리에이터

마지막으로, 스마트폰으로 영상을 찍을 때 손으로 직접 스마트폰을 들고 촬영하는 경우가 많은데 이때 스마트폰에 마이크 구멍(통화 시 목소리가 들어가는 곳)을 막지 않도록 주의하자. 동영상에서 소리는 빼놓을 수 없는 요소니까 말이다.

그럼에도 장비는 필요하다

이 정도만 주의하면 스마트폰으로도 충분히 좋은 품질의 동영상을 찍을 수 있지만, 그렇다고 해서 스마트폰만 있으면 아무것도 필요 없다는 것은 아니다. 생각해보라. 움직임이 많아 손에 카메라를 들고 찍을 수 없는 상황에서는 스마트폰 역시 들고 찍을 수 없다. 이런 상황을 보완해주는 장비가 바로 액션캠이다.

액션캠 다양한 액세서리 활용으로 몸에 부착하거나 벽이나 공간에 고정하여 사용하는 것도 가능하다. 타임랩스 기능을 대부분 가지고 있으므로 긴 시간 관찰 촬영도 가능하다.

물론 액션캠이 필요한 상황이 그렇게 자주 있지는 않을 것이다. 하지만 꼭 액션캠이 필요한 상황이 아니더라도 장비가 필요한 경우는 쉽게 찾을 수 있다. 스마트폰이 아무리 가벼워도 1분 넘게 들고 있으면 손이 덜덜 떨릴 것이다. 그런 상태로 5분 넘게 동영상 촬영을 할 수 있을까?

영상을 찍다보면 카메라, 렌즈, 마이크, 조명, 삼각대 정도는 결국 필요해진다. 이에 스마트폰으로만 촬영하더라도 꼭 필요하다 싶은 몇 가지를 골라봤다.

짐벌 한마디로, 모터 달린 셀카봉이다. 카메라의 흔들림을 모터의 움직임으로 상쇄시켜 영상 촬영 시 화면의 흔들림을 최소화해준다. 부가적으로 간단한 줌 또는 녹화 버튼도 지원한다. 삼각대에 직접 체결해 사용할 수도 있다.

짐벌은 만약 조금이라도 초기부터 편하게, 좋은 영상을 담고 싶다면 제일 먼저 구매해야 하는 장비다. 스마트폰뿐만 아니라 대형 카메라에 이르기까지 다양한 크기와 기능으로 존재한다. 나는 스마트폰 짐벌에 더해 미러리스용 짐벌을 따로 소장하고 있다.

스마트폰용 짐벌,
지윤텍 스무스4.

미러리스용 짐벌
지윤텍 위빌랩.

우리 반 아이들은 크리에이터

삼각대 짐벌을 쓴다고 영상이 흔들리지 않는 것은 아니다. 짐벌은 카메라가 이동하는 상황에서 부드러운 화면을 찍는 것이 목표일 때 진가를 발휘할 수 있다. 카메라가 고정된 위치에서 촬영하면서 줌인, 줌아웃과 함께 틸팅(상하 움직임)과 패닝(좌우 움직임) 촬영한다면 삼각대가 필수다.

삼각대는 행사나 수업 촬영 등 공식적이고 중요한 영상, 자료로 활용해야 하는 영상에서 많이 사용된다. 그런데 무료 증정품부터 수백만 원에 이르는 물건까지 종류와 기능, 가격이 천차만별이다.

스마트폰으로 촬영한다면 삼각대에 장착 가능하도록 도와주는 홀더를 이용하자. 일반적인 삼각대는 1/4인치 나사 구멍이 있는데, 스마트폰 홀더는 여기에 체결하는 것이다. 스마트폰 전용 삼각대의 경우에는 최대 높이가 낮을 수 있으니 구매 시 높이를 꼭 확인하라. 서서 촬영 시 140~160cm 정도가 좋다.

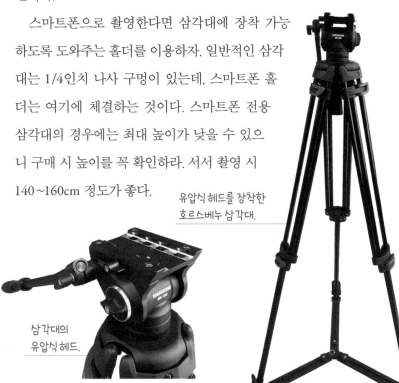

유압식 헤드를 장착한 호르스베누 삼각대.

삼각대의 유압식 헤드.

영상 촬영용으로는 유압식 비디오 헤드를 포함한 삼각대를 추천한다. 우리가 보통 사용하는 삼각대는 나사를 조여 고정하는 방식이다. 패닝(좌우 움직임)과 틸팅(수직 움직임)이 불편하고 빠른 구도 수정이 어렵다. 나사 하나로 조절 가능해 좀 더 빠른 구도 조정이 가능한 볼헤드 역시 패닝과 틸팅이 어렵다. 이와 달리 원래 방향으로 돌아오려는 속성을 지닌 유압식 헤드는 적절한 강도로 고정시킬 경우 고정된 후에도 부드럽게 헤드를 움직일 수 있다. 고정을 유지하는 것도 어렵지 않다.

조명 조명은 스마트폰에 달린 촬영용 플래시와는 다르다. 지속광의 개념으로 영상이 자연스럽게 촬영되도록 지속적으로 주변을 밝혀준다. 조명의 크기와 개수는 공간의 크기에 따라 결정되는데, 기본적으로 좌우에 하나씩 사용한다. 중앙에 인물 정면용으로 하나, 배경 그림자 지우기용으로 또 하나를 두면 좋다.

스마트폰 케이지 스마트폰만 사용한다면 꼭 필요한 물건이다. 프레임만 있는 액자 형태의 제품으로 핫슈 마운트가 군데군데 있어 마이크나 조명 등 스마트폰 촬영에 필요한 여러 액세서리를 추가 장착할 수 있다. 스마트폰에 마이크를 달고, 조명도 추가한다면 무거워질 뿐만 아니라 모두 달기도 어렵다. 이때 케이지가 있다면 마이크와 조명을 손쉽게 고정시킬 수 있을 뿐만 아니라 손으로 들기 편하게 세팅할 수도 있다.

우리 반 아이들은 크리에이터

이런저런 스마트폰용 촬영 도구를 활용하면 스마트폰으로도 충분히 좋은 영상을 촬영할 수 있지만, 그래도 촬영하다 보면 스마트폰으로 찍는 영상은 분명히 한계가 있다. 일례로, 스마트폰 카메라는 기본적으로 넓은 범위를 한 화면(화각)에 담아주기에 얼굴 클로즈업이나 근접 촬영에는 부적합하다. 최신 스마트폰은 렌즈가 3~4개 달려 나오면서 다양한 화각을 지원하지만 렌즈 교환식 카메라에는 못 미치며 영상 촬영 중 줌인, 줌아웃은 비교 불가한 수준이다.

화질에도 차이가 있다. 스마트폰에서 사용하는 카메라 모듈은 소형이기 때문에 이미지 센서가 일반 디지털카메라보다 현저히 작다. 센서의 크기는 화질과 직접 연결된다. 같은 풀HD 화질이라고 해도 스마트폰 촬영본과 디지털카메라 촬영본을 나란히 놓고 조금 확대해서 비교한다면 쉽게 화질 차이를 알아차릴 수 있다.

이러한 이유 때문에 카메라 선택의 최우선 요소는 센서다. 화질은 현재 시장 판매 중인 카메라들을 기준으로 4k 촬영이 가능한 기종이면 무난하다. 화질보다 중요한 것은 판형(센서의 크기)이다. 같은 풀HD화면이라도 센서가 큰 카메라의 화질이 더 좋기 때문이다. 한마디로, 다른 조건이 같다면 센서가 클수록 화질이 좋아진다.

센서 크기는 바디와 연관이 있다. 풀프레임, 크롭, 마이크로 포서드순으로 센서가 크다. 풀프레임은 35mm 필름 카메라 기준으로 필름 크기 센서를 가리킨다. 크롭은 풀프레임보다 보통 1.5배 작다. DSLR과 미러리스는 풀프레임과 크롭 바디가 다 있다. 마이크로 포서드는 디지털 카메라 중에서 센서도, 바디 크기도 제일 작지만 센서 크기는 스마트폰과 비교할 수 없는 수준이다. 최근 파나소닉에서 주도적으로 시장을 키우고, 영상 촬영에 최적화된 GH 시리즈를 내놓으면서 시장 점유율을 높여가고 있다.

다시 한 번 강조하자면, 디지털 카메라에서 가장 중점적으로 봐야 할 것은 센서 크기다. 센서는 카메라의 급과 가격을 결정하는 가장 중요한 요소다. 그리고 조건은 캠코더를 고를 때도 마찬가지로 적용된다.

캠코더 기술이 발전하면서 카메라가 캠코더를 흡수하고 있지만, 캠코더는 여전히 매력적인 장비이다. 학교에서 큰돈 지출을 꺼리는 카메라와 달리, 주로 방송실에서 사용하는 캠코더는 학교의 지원으로 구매하기가 상대적으로 용이하다. 좋은 캠코더를 구입하면 학급에서도 잘 사용할 수 있다.

앞에서도 말했듯이, 카메라와 마찬가지로 캠코더 역시 센서의 크기가 화질과 직결된다. 최신 캠코더의 경우 4K화질로 촬영 가능한, 1인치 이상의 센서를 가진 캠코더를 추천한다. 렌즈 교환이 가능한 기기도 있지만 대부분 고정형이니 가능한 한 밝은 조리개값을 가진 렌즈를 장착한 캠코더를 고르자. 조리개는 F 다음에 숫자로 표시되며, 작을수록 밝은 렌즈이다.

그렇지만 본격적으로 영상을 찍어보고 싶다면 캠코더보다는 역시 DSLR이나 미러리스 카메라, 또는 마이크로 포서드를 추천한다. 후자로 갈수록 작고 가볍다.

DSLR 또는 미러리스

두 기기의 최대 장점은
렌즈를 교환할 수 있다
는 점이다. 다양한 화각
에서 고품질의 영상을 촬
영할 수 있고 얕은 심도와
넓은 확장성으로 다양한 기
기와 함께 운영이 가능하다.

내가 사용 중인
소니 미러리스 α6400(1.5 크롭바디).

물론 기기가 많아질수록 각 기기별 세팅이 복잡하고 시간이 오래 걸
린다는 단점이 있다.

다양한 렌즈

바디를 결정했다면 바디에 맞는 렌즈를 골라야 한다. 렌즈를 교환
하는 이유는 단렌즈, 줌렌즈, 광각렌즈, 망원렌즈 등 렌즈의 종류에
따라 화면의 특성이 달라지기 때문이다. 참고로 렌즈를 이야기할 때
는 제조사-마운트-화각-조리개 값을 필수로 이야기하고 그 뒤에 여
러 기능과 성능에 대한 수식이 붙는다.

단렌즈 고정된 화각으로만 촬영이 가능한 렌즈다. 한마디로, 줌이
없다. 넓게 찍고 싶으면 뒤로, 좁게 찍고 싶으면 앞으로 가야 한다. 왜
이런 렌즈를 쓰느냐고? 화질과 배경 날림 때문이다. 단렌즈는 렌즈의

구성이 단순하기 때문에 화질이 우수하다. 센서 화질이 아무리 좋아도 렌즈의 해상력이 달려 화질이 무너지면, 센서는 무너진 화질을 그대로 받아들일 수밖에 없다. 개인적으로는 배경 날림을 위한 가장 저렴하고 손쉬운 방법으로써 단렌즈를 쓴다. 지금은 소프트웨어 효과로 스마트폰에서도 배경 예쁘게 날리기도 가능해졌지만, 밝은 조리개 값의 큰 렌즈로 자연스럽게 배경을 날리는 것에 비하면 아직 부족하니까.

조리개는 빛이 렌즈를 통과할 때 빛의 양을 조절해주는 여러 장의 날개다. 동공과 역할이 같다고 볼 수 있다. 이 숫자가 작을수록 최대 개방 시 더 넓은 구멍을 만들어 많은 빛이 들어갈 수 있도록 해준다. 이로 인해 초점 구간이 짧아지면 맞는 부분은 선명하게 보이지만, 아닌 부분은 빛의 산란으로 흐려진다. 그리고 단렌즈를 사용하면 배경이 매우 아름답게 흐려진다.

풀프레임 기준 50mm F1.8 렌즈 통칭 여자 친구 렌즈다. 1미터 거리에서 얼굴부터 상반신까지 배경을 휙 날려 피사체를 아주 아름답게 표현해주기 때문이다. 크롭 바디라면 35mm F1.8 렌즈가 가장 유사하다.

여기서 잠깐 화각과 F값(최대 개방 조리개 값) 이야기를 해야겠다. 화각 숫자가 작을수록 넓은 범위(광곽)의 사진을 찍을 수 있다. 풀프레임 기준 35mm를 표준 배율(1배)로 보고 숫자가 작으면 광각, 크면 망원으로 분류한다. 기본 화각은 보통 24~70mm 구간을 이야기한다.

우리 반 아이들은 크리에이터

50mm는 사람의 눈으로 보는 것과 유사해 표준 화각이라고 한다.

크롭 바디에서는 센서 배율에 따라 화각을 곱해줘야 한다. 1.5배 크롭이라면? 35mm를 1.5곱해서 47.5mm가 나온다. 이 렌즈가 50mm에 가장 근접하므로 35mm F1.8 렌즈는 풀프레임 기준 50mm F1.8 렌즈처럼 사용이 가능하다.

망원렌즈 망원렌즈는 망원경처럼 멀리 있는 대상을 확대해서 보여준다. 보통 70mm 이상부터 망원으로 분류한다. 보통 35mm 화각이 기준이 된다. 즉 70mm 의 화각은 2배 망원이라 부를 수 있다. 숫자가 커지면 화각은 작아지지만 그만큼 확대가 되기 때문에 렌즈가더 커지고 비싸진다.

일반적으로 망원렌즈는 단렌즈보다 줌렌즈를 많이 사용하며 70mm~200mm의 화각대의 렌즈를 많이 사용한다. 200mm 이상의 렌즈는 비전문가가 사용하기에 부담스럽게 크고 비싼 경우가 많다. 여기에 스포츠 사진, 연예인 사진에 쓰는 망원렌즈같이 조리개 값이 작고 밝은 렌즈는 바디(카메라)보다 비싸며 몇몇렌즈는 한 달 월급보다도 더 비싸다.

줌렌즈 일정 구간의 화각을 조절하며 사용할 수 있다. 줌렌즈는 단렌즈보다 더 많은 숫자의 렌즈들이 구성되어 조리개 값이 단렌즈보다 크다. 이 때문에 배경 흐림 효과는 단렌즈보다 떨어지며 인물보다는 일상적인 상황을 찍을 때 주로 쓴다.

화각의 범위에 따라 표준줌, 광각줌, 망원줌으로 구분할 수도 있다. 실내 촬영과 배경흐림을 위한 밝은 조리개 값의 고성능 줌렌즈는 가격대가 굉장히 비싸지만, 화각 조절이 가능해 고정된 위치에서 원하는 화각을 설정할 수 있다.

오디오 장비와 녹음

영상에서는 화면만큼이나 오디오도 중요하다. 여기서 말하는 오디오에는 배경음악, 인물의 음성, 효과음 등의 모든 소리가 포함된다.

같은 영상이라도 배경음악이 무엇이냐에 따라 로맨스물과 공포물을 오가기도 한다. 상황에 맞는 배경음악을 고르는 것은 영화에 출연할 주인공을 고르는 것만큼 중요한 일이다. 당연한 이야기지만, 이때 저작권은 꼭 지켜야 한다.

인물의 음성에는 다른 소리가 섞이지 않는 게 가장 중요하다. 그래서 필요한 장비가 마이크다. 그런데 스마트폰 촬영이라면 마이크를 사용하는 것이 쉽지 않다. 깨끗한 음성 기록이 굉장히 어렵다는 이야기다. 특히 인터뷰나 발표 장면에서 조금만 멀리 떨어진다면 음성이 정확하고 깨끗하게 녹음되기를 바랄 수 없다.

이럴 경우, 촬영과 녹음을 따로 하는 방법도 있다. 하나의 스마트폰으로는 영상을 찍고, 다른 스마트폰은 인물 가까이에서 깨끗한 음성을 녹음하는 것이다. 편집할 때 두 스마트폰의 영상과 음성을 믹싱하면 된다. 영상에 기록된 음성은 녹음한, 깨끗한 음성의 위치를 잡는

　　　　　　　　　우리 반 아이들은 크리에이터

용도로만 사용한다. 이것을 싱크를 맞춘다고 표현한다. 싱크를 맞추고 나서 원래 영상의 오디오를 지워버리면 영상에 깨끗한 음성만 남는다.

하지만 이 방법이 모든 문제 상황의 대안일 수는 없다. 동영상의 경우 등장인물의 대사, 상황에 맞는 주변 소리 같은 현장음(실제 영상 촬영 시 녹음되는 소리)이 중요한 경우가 많다. 이런 촬영에서 일반 스마트폰으로 영상에서 쓸 만한 오디오를 건지기란 쉬운 일이 아니다. 스마트폰은 마이크가 정말 작고, 주변의 소리를 모두 녹음해버리기 때문이다.

마이크는 이럴 때 활용 가능한 장비지만, 스마트폰에 사용 가능한 마이크는 많지 않다. 스마트폰은 4극 이어폰 단자(일반 스테레오 이어폰은 3극)이기 때문에 유선 마이크의 경우 단자의 크기와 3극인지 4극인지 파악하고 활용해야 하며, 3극 마이크 단자를 스마트폰에서 활용하려면 변환 젠더가 필요하다. 스마트폰 이어폰이 점차 무선으로 넘어가는 추세이니 앞으로는 스마트폰 동영상 촬영 시 여기에 젠더를

3극 단자, 일반적인 이어폰 단자와 같다.

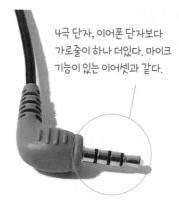

4극 단자, 이어폰 단자보다 가로줄이 하나 더있다. 마이크 기능이 있는 이어셋과 같다.

추가로 이용해야 할 것이다.

스마트폰과 달리 미러리스, DSLR, 캠코더는 다양한 마이크 사용이 가능하다. 별도의 마이크 단자를 사용하기 때문이다. 이 단자의 모양에 따라 사용 가능한 마이크를 선택하면 되는데, 대부분은 3극 단자를 사용하기 때문에 범용성이 높다. 젠더를 이용하면 상황별로 더 다양한 마이크를 사용할 수 있다.

다이내믹(지향성) 마이크 우리가 가장 흔히 마주치는 마이크다. 노래방과 행사 진행용 마이크가 대부분 다이내믹 마이크다. 노래방에 가본 사람이라면 다 알겠지만, 다이내믹 마이크는 1인용이며 직접 들고 사용해야 한다. 주로 실내에서 사용한다.

콘덴서 마이크 스튜디오 마이크 또는 흡입 마이크라고도 불리며 별도의 전원이 필요하다. 노래 녹음 시 제일 많이 사용하지만, 음악 공연에서도 꽤 볼 수 있다. 음질이 우수하며 지향성 마이크보다 수음 범위가 넓다.

2명 이상이 노래를 부르는 경우, 마이크가 1개라면 다이내믹 마이크보다 콘덴서 마이크가 적

콘덴서 마이크.

우리 반 아이들은 크리에이터

절하다. 우리 반에서도 바다식목일 프로젝트와 같이 다수가 노래를 녹음할 때 이용했다. 일반적으로 별도의 전원이 필요한데, 보통 오디오인터페이스에서 전력을 제공한다. 최근에는 유튜버의 증가에 따라 USB단자만 연결하면 사용 가능한 콘덴서 마이크도 나오고 있다.

만약 노래를 녹음할 때 반주음악이 있다면 반드시 골드웨이브나 오디션 같은 편집 프로그램에서 반주음악 트랙을 별도로 추가해 목소리 녹음 후 함께 믹싱하자. 반주와 함께 녹음해버리면 편집도 어렵고 사용하지 못하는 경우도 왕왕 생긴다.

노래 녹음 시 목소리만 따로 녹음하는 방법은 다음과 같다. 노래를 부르는 사람이 1명인 경우, 반주를 이어폰이나 헤드폰으로 들려주면서 녹음하라. 여러 명인 경우에는 마이크에 반주 소리가 적게 들어오도록 스피커 볼륨을 세팅하고, 반주 음악으로 현장 녹음 반주를 덮으면 된다.

무선 핀마이크 핀마이크는 수신기를 카메라에 부착하고 송신기는 마이크처럼 손에 들거나 몸에 부착해서 쓸 수 있다. 이 덕분에 손이 자유롭고, 활동하면서도 우수한 품질의 음성을 얻을 수 있다. 이런 이유로 대부분의 TV 프로그램에서도 핀마이크를 사용한다. 같은 이유로 교사가 공개수업할 때도 무선 핀마이크를 활용하면 좋다. 카메라가 뒤편에 멀리 떨어져 있으면 교사의 목소리가 잘 녹음되지 않는데, 무선 핀마이크를 쓰면 수업도 자연스럽게 진행될 뿐만 아니라 카메라와의 거리와 상관없이 목소리도 잘 녹음된다.

핀마이크는 보통 수신기 하나에 송신기 하나를 세트로 구성해서 판매하는데, 가능하면 송신기 2대와 수신기 1대가 세트인 제품 구매를 추천한다. 그래야 묻고 답하는 인터뷰 장면을 한번에 찍을 수 있으니까 말이다.

왜 하필이면 인터뷰를 예로 드냐고? 인터뷰 상황에서는 무선 핀마이크가 선택이 아닌 필수기 때문이다. 주변 소음이 많은 현장이라면 두말할 필요도 없다. 이 같은 추천은 내 경험에 근거한 것이기도 하다. 통일희망열차학교가 백두산 천지에 올랐을 때였다. 주변의 수많은 인파 때문에 일반 마이크로는 인터뷰가 불가능했는데 핀마이크 덕에 깨끗한 음성을 얻을 수 있었다.

샷건 마이크 주로 방송용 카메라에 달려 있는, 총 모양의 마이크다. 대부분의 샷건 마이크는 콘덴서 마이크라고 봐도 된다. 그래서 별도로 건전지를 넣어야 마이크가 작동한다. 보통 마이크 내부 공간에 건전지를 넣어 사용한다. 멀리 떨어져서 영상을 찍는 상황에 적합하다. 시중에 작고 가벼운 제품도 많이 나와 있으나 스마트폰에 직접 부착할 수는 없으니 조명까지 탈부착 가능한 스마트폰용

샷건 마이크.

우리 반 아이들은 크리에이터

영상 촬영 케이지를 함께 활용하라.

하지만 아무리 샷건 마이크라도 하나의 마이크로 전체 녹음을 해야 한다면 대사 전달에 어려움이 따를 수 있다. 대안이 있다면 녹음 장비를 따로 마련하는 방법과 더빙하는 방법, 대사 장면과 전체 장면(풀샷)을 따로 찍는 방법이 있다.

어떤 종류를 사용하든지, 마이크를 사용할 때에는 꼭 이어폰이나 헤드폰을 이용해서 어떤 소리가 어떻게 녹음되는지 모니터하자. 그래야 원하는 소리만 정확히 녹음해서 사용 가능하기 때문이다.

오디오 인터페이스 오디오 인터페이스는 마이크로 들어오는 소리를 디지털 데이터화해서 컴퓨터에 보내주는 장비다. 쉽게 말해, 소리를 입력하는 키보드다. 오디오 편집 프로그램은 오디오 인터페이스에서 보내오는 데이터를 받아 사용자가 편집할 수 있도록 해준다.

오디오 인터페이스.

박오종의 장비 ✓

바디	소니 미러리스 a6400(1.5 크롭바디)
렌즈	1) 10-18mm F4
	2) 18-105mm F4
	3) 70-200mm F4
	4) 35mm F1.8
	5) 50mm F1.8
삼각대	호르스베누 유압식 삼각대
짐벌	1) 스마트폰용 짐벌 지윤텍 스무스4
	2) 미러리스용 짐벌 지윤텍 위빌랩
마이크	1) 보야 샷건마이크
	2) 보야 무선 밸트팩 마이크
	3) MXL 콘덴서 마이크
오디오 인터페이스	steinberg UR12
조명	1) 스튜디오 조명 좌우 1세트
	2) 소형 LED 조명
액션캠	짭짭프로
드론	협산 ZINO 드론
	(4K 30p 촬영 가능한 센서형 짐벌 드론)
스마트폰	갤럭시 S10+

우리 반 아이들은 크리에이터

마이크를 컴퓨터와 연결할 때는 별도의 오디오 인터페이스를 마련하는 것이 좋다. 컴퓨터에도 마이크 단자가 있기 때문에 3.5mm 3극 유선 마이크를 사용해서도 녹음이 가능하지만 질적으로 차이가 크다.

오디오 인터페이스는 기본적인 레코딩 환경 구축에 꼭 필요한 기기다. 레코딩 환경 구축에는 오디오 인터페이스 외에도 마이크, 마이크 스탠드, 팝필터(바람소리를 차단한다.), 보면대(악보 스탠드), 헤드폰, 스피커가 필요하다.

편집용 하드웨어

영상 편집 시 컴퓨터, 노트북 등의 장비는 프로그램만큼이나 중요하지만, 아주 비싼 장비가 필요하지는 않다. 일반 사용자 기준으로 i5급(2.5GHz 이상)의 CPU와 8GB 이상의 RAM을 갖춘 데스크톱 또는 노트북이라면 풀HD급 영상 편집에 큰 어려움이 없다. 다만 빠른 편집을 위해 저장장치는 SSD를 추천한다.

실전! 촬영부터 편집까지

짧게, 많이, 특징적으로!

학예회 때 2시간 행사를 한 컷으로 찍는다면 나중에 필요한 장면을 찾는데 많은 시간이 필요하다. 10분에서 20분밖에 안 되는 장면이라도 한 번에 찍고 나중에 2~3분의 영상으로 줄인다면, 그 2~3분을 고르고 편집하는데 생각보다 많은 시간이 걸린다. 그러니 편집을 미리 고려해서 한 주제라도 최대한 짧게 끊어서 촬영하는 습관을 기르자.

예능 프로그램을 보면 인물이 나오지 않는 장면들이 있다. 보통 인서트 화면이라고 하기도 하고 B롤 이라고도 한다. 배경 스케치, 소품 촬영, 매크로(접사) 촬영 등 이런 소소한 화면들이 영상에서 힘도 빼주고 재미도 준다. 이런 컷들은 보통 한 컷에 3~5초 정도 필요하다. 화면 전환에서 앞뒤로 겹치는 1초 정도와 여유를 생각해서 10초에서 20초 단위로 찍으면 나중에 영상을 골라내기도 쉽고 정리하기도 쉽다.

급하게 찍다보면 내용이나 화면이 정리가 안 되기도 한다. 계획에 없었는데 찍어야겠다는 생각이 드는 경우도 있다. 이럴 때는 다양하게 많이 찍으면 나중에 편집 방향에 따라 적절하게 사용이 가능하다.

　　　　　　　　　　우리 반 아이들은 크리에이터

이쪽에서도 찍어보고, 저쪽에서도 찍어보고, 이렇게도 찍어보고, 또 다르게 찍어보고, 열심히 찍고 나중에 골라서 쓰면 다시 오지 않을 그 장면을 살려낼 수 있다.

많이 찍는다고 찍었는데 막상 편집할 때 보면 쓸 만한 그림이 보이지 않을 때가 있다. 마치 옷장에 옷은 많은데 입을 옷은 없는 듯한 그런 기분이 드는 이유는 영상에 특색이 없기 때문이다. 그 장면에서 잡아낼 수 있는 포인트를 잘 캐치해서 촬영하거나 편집해야 한다. 촬영할 때는 화각, 구도, 프레임을 본다면 편집할 때는 크롭(잘라내기)을 통해 불필요한 부분을 지우고 영상에 매력을 더할 수 있다.

다양한 촬영 기법 활용하기 - 타임랩스와 슬로우모션, 드론 촬영

앞에서 기술했지만 타임랩스와 슬로우모션은 간단하면서도 효과적이고 재미있는 촬영 방법이다. 타임랩스는 긴 시간 동안 촬영한 영상을 빨리 돌려서 짧은 시간으로 표현하는 방법이다. 카메라가 이 기능을 지원한다면 4~16초마다(설정에 따라 다름) 1장의 사진을 찍어 30장 또는 60장을 1초의 영상으로 만들어내기 때문에 실제 1시간이 타임랩스 영상에서는 10초 정도로 줄어든다. 반대로 슬로우모션은 영상이 실제 시간보다 느리게 지나간다.

일반 영상을 느리게 재생하면 우리 눈에 자연스럽지 않고 끊기듯이 움직이는 경우가 생기는데, 슬로우모션으로 찍으면 일반 영상촬영보다 1초당 더 많은 프레임을 기록하기 때문에 부드럽고 자연스러운 움직임을 느리게 보여주는 일이 가능해진다. 찰나의 순간, 작은 표정을 잡아내기 때문에 평범한 영상을 특별하게 만들어준다.

드론으로 항공 촬영하는 것도 재미있는 연출이다. 예전에는 항공 촬영 영상을 영화의 오프닝에서나 볼 수 있었지만, 이제는 드론이 많이 보급되어 쉽게 시도해볼 수 있다. 초창기 드론의 가격과 비교하면 지금은 풀HD화질의 촬영용 드론도 저렴한 가격에 구입이 가능하다. 드론만 있으면 드넓은 자연경관, 학교 전경을 찍는 게 손쉽다. 조종이 어려울 것 같다고 겁먹을 필요는 없다. 요즘 드론은 미리 설정된 여러 효과를 이용함으로써 조종에 대한 부담 없이 좋은 영상을 얻을 수 있다.

편집은 어떻게 해야 할까?

영상 제작은 크게 '구상-촬영-편집'의 3단계로 나눌 수 있다. '구상'과 '촬영'에 대해서는 이제 충분히 이야기한 것 같으니 마지막 단계인 '편집'을 이야기해보려 한다. 사실 영상 편집은 생각보다 간단하다. 자르고, 붙이고, 자막 넣고, 배경음악을 깔면 된다. 욕심은 이 간단한 일을 어렵게 만든다. 화면 전환, 자막, 효과음 등…… 한시도 눈을 뗄 수 없을 만큼 화려한 TV 예능 프로그램을 보면서 눈만 높아진 탓이다.

하지만 아무리 다양한 효과를 많이 쓴다 하더라도, 본질은 어디까지나 내용이다. 영상에 담긴 내용보다 편집 기술이 중요하지는 않다

우리 반 아이들은 크리에이터

는 이야기다. 스티브 잡스를 떠올려보라. 스티브 잡스는 전환 효과로 가득한 그래프 앞에 서서 현란한 말솜씨를 뽐내지 않았다. '어떻게 보일까'보다 '무엇을 채울까' 고민하는 것이 훨씬 바람직하다. 요란하고, 다양한 효과에 마음을 빼앗기지 말고, 막막하더라도 전하려는 메시지를 잊지 말고 중심을 잘 잡아야 한다.

특별히 매끄럽거나 돋보이게 연출할 필요는 없다. 단순히 장면, 장면을 자르고 붙이기만 해도 괜찮다. 이런 작업에는 특별한 편집 프로그램도 필요하지 않다. 어차피 동영상 편집 프로그램은 '무엇을 쓰는가'가 아니라 '어떻게 쓰는가'가 중요하다. 중요한 것은 일단 시작해보는 것이다. 처음에는 30초짜리 영상 제작에 2시간이 걸리더라도 편집에 익숙해지면 점점 시간이 줄어들 것이다. 그러다 부족함을 느낄 때 편집 프로그램을 구매하면 된다.

여러 편집 프로그램

영상 편집에 사용되는 프로그램은 굉장히 많다. 그중 가장 많이 사용되는 몇 가지를 소개하겠다.

전문적 편집 실력을 꿈꾸며 다른 어도비 프로그램을 같이 사용한다면 프리미어 프로, 하나의 프로그램으로 영상만 잘 만들고 싶다면 파워디렉터, 어렵지 않은 직관적인 인터페이스로 좀 쉽게 만들고 싶다면 베가스를 추천한다.(무비 스튜디오 포함)

프리미어를 제작하는 어도비에서는 매년 연말 프로모션 기간에

편집 프로그램

프로그램/앱 (제조사/OS)	가격	구매 TIP
프리미어 프로CC (Adobe)	월 23,100원 (학생 및 교사)	영상 편집의 끝판왕. 어도비의 여러 프로그램(포토샵, 에프터 이펙트 등)과 함께 사용한다면 큰 시너지를 얻을 수 있지만 월 사용료가 만만치 않아 부담스럽다.
파워디렉터 18 (사이버링크)	영구 구매 시 169,000원 월 구독 시 13,750원	영구 구매 버전은 한번 구매하면 계속해서 사용이 가능하지만, 적용 가능한 효과가 제한적이고 월 구독은 매월 사용료를 지불해야 하지만 다양한 효과를 함께 사용할 수 있다.
베가스 프로 (MAGIX)	영구 구매 시 599,000원 연 구독 시 199,000원	베가스라는 이름으로 4가지 등급이 존재한다. 전문가급의 최고 버전은 999,000원에 판매된다. 연 199,000원에 사용 가능한 프로 등급도 일반 사용자가 쓰기에는 부족함이 없다. 베가스 프로보다 저렴한 무비스튜디오가 있다.
파이널컷 (Apple)	369,000원	구독 버전이 존재하지 않는다. 프로그램을 사용하기 위해서는 Mac OS가 필요하므로 맥북이나 맥프로를 가지고 있어야 한다. 프리미어에 비해 안정성이 뛰어나다.
키네마스터 (스마트폰)	연 구독 시 36,000원 월 구독 시 6,000원	경제적으로 큰 부담이 없어 초등학생 유튜버의 표준 영상 편집 프로그램으로 받아들여지고 있으나 생각보다 다양한 기능과 괜찮은 결과물을 보여준다. 워터마크가 거슬리지 않는다면 무료로도 사용이 가능하다. 아쉬운 점은 별도의 PC 버전이 없어 모바일에서만 사용 가능하다는 것이다.

우리 반 아이들은 크리에이터

연 4만원선에서 어도비의 모든 프로그램 사용이 가능한 단체 라이센스 판매행사를 하며(지역 총판사의 사정에 따라 다름), 파워디렉터의 경우 최신버전은 17(2019년 기준)이나 출시된 지 좀 지난 15버전의 일부 기능을 제한하여 제조사에서 무료로 배포하고 있다. 베가스에는 다양한 하위 버전들이 존재하는데 그중 무비 스튜디오라는 프로그램은 10만원 이하의 가격으로 구매가 가능하며 대부분의 기능이 베가스와 동일하다.

4K급의 초고화질 영상이 아니라면 이런 프로그램으로도 충분히 편집이 가능하다. 처음부터 비싼 프로그램을 구입해 사용하기에 부담이 된다면 저렴하고 간단한 프로그램을 이용하거나 무료 체험판을 이용해보고 정식 프로그램을 구입하길 추천한다. 비싸게 구매하고도 모든 기능을 다 이해하고 활용하려면 또다시 큰 노력이 필요하니까 말이다.

스마트폰으로 끝내는 편집

앞에서도 여러 번 말했지만, 처음부터 기기를 모두 갖추고 영상 제작을 시작하는 사람은 별로 없을 것이다. 이에 나는 '스마트폰으로 촬영부터 편집까지 모두 해결할 수는 없을까?' 고민하기 시작했다. 그러자 키네마스터가 눈에 띄었다.

키네마스터는 모바일 환경에서 사용이 가능한 영상 편집 프로그램이다. 조작이 쉽고 간단하면서도 괜찮은 품질의 영상이 제작 가능하므로 스마트폰에 최적화된 영상 편집 프로그램이라고 생각한다. 무료로도 사용이 가능하지만 화면 오른쪽 위에 표시되는 워터마크를 지우려면 월정액 또는 연간 사용료를 지불해야 한다.

키네마스터는 안드로이드와 애플 둘 다 작동한다. 플레이스토어(안드로이드)나 앱스토어(애플)에서 '키네마스터'로 검색한 뒤 제일 위의 앱을 설치하면 된다.

노화북초등학교 6학년 교실에 위치한 간이 스튜디오에서 학생이 촬영 중이다.

「교실에 스튜디오 만들기」

　평상시 수업이나 자연스러운 활동 장면을 영상에 담을 때는 특별한 스튜디오가 필요하지 않다. 하지만 주변에 방해받지 않고 인터뷰라든지 내레이션 녹음 또는 크로마키 촬영 등을 하고 싶다면 반드시 별도의 장소가 필요하다. 이를테면, 학교 방송실 같은 곳 말이다.

　만약 학교에 방송실이 없다면 어떻게 해야 할까? 내가 현재 근무하는 학교에도 따로 마련된 방송실이 없다. 이에 나는 우리 반 교실 한구석에 간이 스튜디오를 마련했다.

　간이 스튜디오에서 제일 중요한 것은 조명이다. 사진이나 영상은 결국 빛으로 그리는 그림이다. 촬영 품질이 좋으려면 무조건 밝아야 하는데, 조명이 없으면 형광등의 조도라든가 날씨 등에 너무 큰 영향을 받는다. 그러므로 사진이든 영상이든 제대로 촬영하려면 조명은 무조건 구비해놓아야 한다. 조명의 중요성은 정말 아무리 강조해도 모자라다.

　본문에서 이야기한 것처럼 조명의 크기와 개수는 공간의 크기에 따라 결정되는데, 기본적으로 좌우에 하나씩 두는 것이 좋다. 인물 정면용으로 중앙에 하나, 배경 그림자 지우기용 또 하나를 두면 좋지만 좌우에 하나씩만 있어도 크게 무리는 없다.

조명과 달리 없어도 크게 문제가 되지는 않지만, 그래도 가급적 배경지까지는 구비해놓는 것을 추천한다. 산만한 교실 분위기도 가릴 수 있고, 크로마키 작업에도 유용하다. 배경지를 구매할 때는 꼭 크기에 맞는 스탠드도 구매해야 한다는 점을 참고하자. 배경지 자체는 저렴한 가격에 구매 가능하지만, 스탠드 가격과 배송비까지 예산에 넣어야 하기 때문이다.

마지막으로 필요한 것은 마이크다. 마이크가 있으면 소리가 또렷히 전달된다. 그런데 마이크는 영상을 촬영할 기기의 특성을 고려해서 준비해야 한다. 단자로 연결해야 하기에 호환 여부를 꼭 미리 따져봐야 한다. 이때 서로 다른 마이크 기종 간의 특징도 미리 고려해보는 것이 좋다. 예를 들어, 우리 반 스튜디오처럼 콘덴서 마이크가 놓여 있으면 여러 명이 함께 부르는 노래를 녹음할 수 있다.

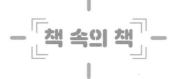

키네마스터
완전 정복

키네마스터
사용법 설명 영상

❶ 키네마스터에서 프로젝트란 영상물을 구성하는 여러 영상 클립과 자막, 효과가 나타나고 사라지는 지점, 음악 등 영상 구성 요소와 효과들을 편집하는 파일이다. 이 프로젝트 파일이 있어야만 최종 영상을 제작할 수 있다. 저장해두면 나중에 다시 불러와서 이어서 편집이 가능하다. 영상 제작 후 수정하고 싶은 부분도 프로젝트 파일에서 다시 편집하면 된다.

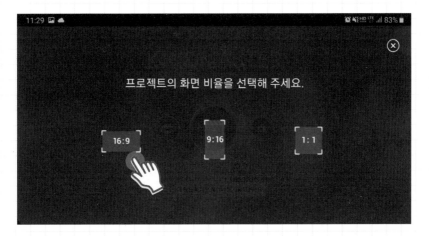

❷ 16:9, 9:16, 1:1 중에서 선택 가능한데, 특별한 이유가 없다면 16:9을 선택한다. 스마트폰에서만 사용할 영상이라면 세로가 긴 9:16 비율 또는 인스타그램용 1:1 비율을 선택해도 괜찮다.

③ 화면 비율을 선택하면 메인 편집 창이 뜬다. 메인 편집 창에서 미디어를 눌러 클립을 불러오자.

④ 편집하고자 하는 클립을 선택하자. 클립은 여러 개를 불러온 후 편집하는 것보다 하나씩 불러서 필요한 부분을 잘라내고 다른 클립을 불러오는 것을 추천한다. 손가락 터치로 편집해야 하므로 복잡하면 어려워진다. 여러 클립이 섞이면 헷갈리기도 한다.

추가한 클립이 타임라인에 표시된다.

❺ 키네마스터 앱으로 동영상 클립을 불러왔다. 액션 패널과 같은 위치에 각종 영상 편집 효과들이 뜬다. 가위 아이콘을 클릭하면 트림/분할이 뜬다. 트림/분할은 영상 편집에서 가장 많이 쓰는 기능이다. 짧게 지나가는 한 컷이 대략 3, 5초 정도라면 정확히 맞춰서 촬영하기 어렵기에 10초 내외로 찍은 영상을 5초 내외로 잘라서 이어 붙여야 한다.

왼쪽이 남음.
오른쪽이 남음.
5초 정도 사진 삽입 후 분할.
클립이 2개로 나뉨.

플레이헤드

❻ 트림 기능을 쓸 때는 클립의 앞뒤로 1~1.5초의 여유를 두고 자르는 것이 좋다. 그다음 컷을 바로 붙여서 쓸 수도 있지만, 두 영상을 1~1.5초 정도 겹쳐 디졸브 효과를 줄 수도 있기 때문이다. 디졸브 효과란 2개의 연속되는 각기 다른 영상을 겹쳐서 앞의 영상이 점점 사라지는(페이드아웃) 동시에 다음 영상이 나타나게끔(페이드인) 하는 효과를 가리킨다. 부드러운 화면 전환 덕에 어떤 분위기의 영상에 사용하더라도 자연스러워, 화면 전환에서 가장 많이 쓰인다.

❼ 키네마스터에서도 클립에 다양한 장면전환 효과를 줄 수 있다. 미리보기 사이의 하얀 네모 박스를 터치하면 다양한 장면전환 효과들이 오른쪽에 뜬다. 이 중 겹침을 선택하면 디졸브 효과도 쓸 수 있다. 전환 효과를 적용하면 박스에 빨간 아이콘이 추가된다.

디졸브 효과로 화면을 전환할 때 앞에서 뒤로 넘어가는 총 시간을 나타낸다. 즉, 0.5를 선택하면 화면전환 효과도 0.5초 동안 진행되는 셈이다.

❽ 겹침을 선택하면 미리보기 화면 위에 0.5부터 5.5까지 총 0.5초 단위로 선택 가능한 숫자들이 나타난다. 장면은 앞뒤에서 각자 반반씩 가져오므로 컷을 분할할 때 여유 시간을 1초로 계산했다면 장면전환에 최대 2초까지 사용할 수 있다.

❾ 가위 아이콘 옆에는 팬&줌 아이콘이 있다. 팬 효과는 영상을 고정된 위치에서 찍었더라도 카메라가 움직인 것처럼 만들 수 있다. 넓게 선 인물들의 얼굴을 지나가면서 보여주기에 적합하다.

❿ 전체 화면에 원하지 않는 무언가가 잡혔다면 줌 기능으로 화면을 키워 잘라낼 수 있다. 시작 위치와 끝 위치의 화면 크기를 다르게 설정하면, 클립이 재생되는 동안 화면이 시작 위치에서 끝 위치 크기로 점점 변하면서 커지거나(줌인) 작아지는(줌아웃) 효과도 보여준다.

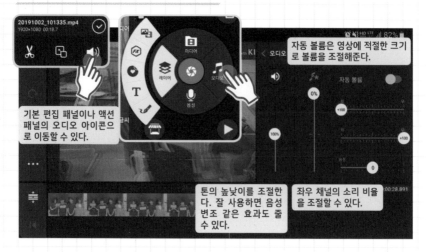

기본 편집 패널이나 액션 패널의 오디오 아이콘으로 이동할 수 있다.

자동 볼륨은 영상에 적절한 크기로 볼륨을 조절해준다.

톤의 높낮이를 조절한다. 잘 사용하면 음성 변조 같은 효과도 줄 수 있다.

좌우 채널의 소리 비율을 조절할 수 있다.

⑪ 키네마스터로 클립의 소리도 조절할 수 있다. 클립별로 설정 가능하므로 여러 클립의 소리를 조절하여 전체적으로 고른 볼륨을 만들 때 유용하다.

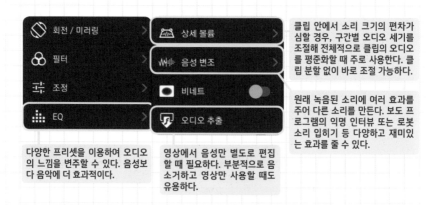

다양한 프리셋을 이용하여 오디오의 느낌을 변주할 수 있다. 음성보다 음악에 더 효과적이다.

영상에서 음성만 별도로 편집할 때 필요하다. 부분적으로 음소거하고 영상만 사용할 때도 유용하다.

클립 안에서 소리 크기의 편차가 심할 경우, 구간별 오디오 세기를 조절해 전체적으로 클립의 오디오를 평준화할 때 주로 사용한다. 클립 분할 없이 바로 조절 가능하다.

원래 녹음된 소리에 여러 효과를 주어 다른 소리를 만든다. 보도 프로그램의 익명 인터뷰 또는 로봇 소리 입히기 등 다양하고 재미있는 효과를 줄 수 있다.

⑫ 오디오 말고 다른 곳에서도 소리 관련 기능을 찾아볼 수 있다. 위 오디오 관련 기능은 모두 미디어 편집에서 찾아볼 수 있다.

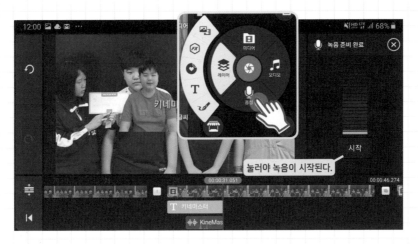

⑬ 영상에 내레이션 등을 넣어야 한다면 키네마스터에서 바로 녹음하는 것도 가능하다.
액션 패널 음성 버튼을 누르면 바로 녹음이 준비된다.

⑭ 녹음본을 편집하는 것도 가능하다. '음성 변조, 다시 녹음, 반복' 등으로 녹음된 목소
리를 재미있게 편집해보자.

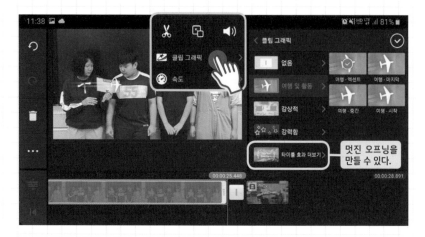

⑮ 클립 위에 그래픽 개체를 넣을 수 있는 기능이다. 기본적으로 선택할 수 있는 효과의 개수가 많지 않아 키네마스터 에셋 스토어에서 무료 효과를 다운받거나 유료 구매를 해야 한다.

⑯ 에셋 스토어에서는 키네마스터에서 사용 가능한 각종 효과를 무료 또는 유료로 받을 수 있다.

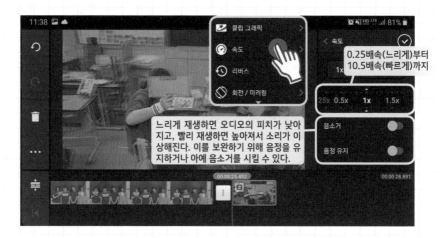

⑰ 느리게 재생할 경우 초당 프레임수가 부족하여 영상이 부자연스럽게 끊길 수 있다. 보통 스마트폰 동영상은 30프레임(1초에 30장의 사진으로 구성된 영상)인 경우가 많으니 더욱더 이런 경우에 주의해야 한다. 동영상이 부자연스럽게 끊기는 일을 방지하고 싶다면 기본 촬영 영상의 설정을 60프레임으로 바꾸거나 슬로우모션 기능으로 별도 촬영하기를 추천한다.

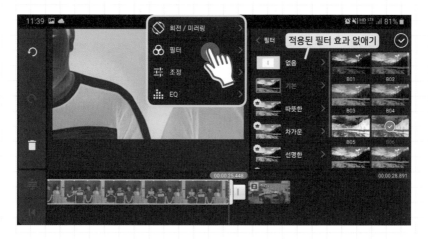

⑱ 카카오톡이나 인스타그램에서 사진에 필터 효과를 주는 것처럼, 영상에도 같은 효과를 넣을 수 있다. 분위기별로 필터가 미리 정리되어 있기 때문에 효과 적용도 손쉽다. 영상이 조금 밋밋해 보일 때 이런 효과를 적용하면 좀 더 느낌 있는 영상을 만들 수 있다.

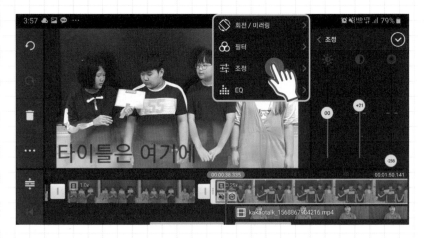

⑲ 조정에서 밝기와 대비, 채도를 조절할 수 있다. 밝기를 조절하면 어두운 부분도 밝아진다. 영상이 전체적으로 어두울 때 사용한다. 대비는 밝은 곳은 더 밝게, 어두운 곳은 더 어둡게 조정한다. 밋밋한 영상에 분위기와 깊이를 더해줄 수 있지만, 과도하게 조정하면 화질이 안 좋아 보인다. 마지막으로 채도는 올리면 화사하고 진한 색감을, 최저로 내리면 흑백화면을 볼 수 있다. 위 스크린샷은 채도를 내려 흑백화면 느낌을 주었다.

⑳ 미디어에는 이 밖에도 리버스, 회전/미러링, 비네트 등 다양한 편집 기능이 있다.

㉑ 액션 패널에는 레이어 버튼도 있다. 키네마스터의 레이어는 포토샵의 레이어와 개념
이 같다. 최상위 레이어 전체가 이미지로 꽉 차 있다면 아래 레이어가 전혀 보이지 않지
만, 최상위 레이어가 아래 레이어보다 작다면 아래 레이어 위에 최상위 레이어가 올라와
있는 것처럼 보인다.

㉒ 레이어 하위에 또다시 미디어 아이콘이 등장하는 이유는 레이어에 사진이나 영상을
넣을 수 있기 때문이다. 레이어가 있으면 이런저런 효과를 넣기가 매우 유용하다.

㉓ 레이어 하위 메뉴의 효과로 영상에 다양한 효과를 넣을 수 있다. 기본 효과로는 블러와 모자이크가 있다. 범위와 크기를 지정함으로써 원하는 부분을 모자이크 처리할 수 있다. 에셋 스토어에서 추가 효과를 다운받거나 구매할 수도 있다.

㉔ 레이어 하위 메뉴에 오버레이는 한마디로 덧씌우기다. 영상에 스티커를 붙인다고 생각하면 된다. 기본 스티커가 제공되고, 추가 구매도 가능하다. 스티커 개념이지만 꽃잎이 흩날리는 표현이나 불꽃놀이 등 다양한 효과를 다운받아 선택해서 적용할 수 있다.

㉕ 텍스트는 영상에 자막을 넣을 수 있는 기능이다. 자막은 영상에서 배경음악 다음으로 중요하다. 배경음악이 분위기를 잡아준다면 자막으로는 효과적인 주제 전달이 가능하다. 자막도 형식에 따라 재미있거나 엄격한 분위기 등을 연출할 수 있다. 촬영기술이 부족해 영상으로 다 표현하지 못한 부분을 자막으로 확실하게 알릴 수도 있다.

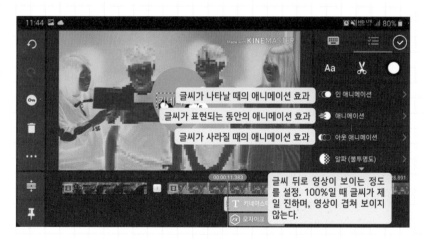

㉖ 텍스트로 여러 효과를 넣을 수 있다. 다양한 글꼴과 색깔을 적용하는 것은 물론, 회전/미러링에서 글씨의 상하, 좌우 반전도 설정할 수 있다. 그림자와 윤곽선 등으로 개성 있는 표현도 가능한데, 이 중 윤곽선은 가장 중요한 요소이다. 자막의 글자색은 고정이지만, 바탕인 영상은 색상이 계속 변하기 때문에 글씨와 바탕색이 비슷해지면 가독성이 매우 떨어진다. 이때 윤곽선으로 배경과 상관없이 글씨를 잘 보이도록 할 수 있다. 그림자와 글로우로도 비슷한 효과를 얻을 수 있지만, 윤곽선이 가장 효과적이다.

㉗ 키네마스터로 크로마키 효과도 넣을 수 있다. 먼저 바탕이 될 사진이나 영상을 먼저 넣고, 레이어에서 다른 클립을 추가해 2개의 클립이 겹쳐 나오는 화면을 미리 만들어야 한다. 에셋 스토어에서 추가 효과를 다운받거나 구매할 수도 있다.

㉘ 레이어-미디어로 합성할 클립을 추가했다. 추가한 클립을 선택하면 다양한 효과 목록이 나타난다. 그중에서 크로마키를 선택할 수 있다.

㉙ 최종적으로 크로마키 효과가 적용된 모습이다. 크로마키를 선택하고 적용을 활성화시킨 다음, 배경 클립과 본 클립의 비중을 정한다. 이때 본 클립에서 지워야 할 배경지 색상, 즉 키 색상을 터치하면 해당 색상을 바꿀 수 있다.

㉚ 프레임 안에 다른 화면을 넣는 편집 기법을 '픽쳐 인 픽쳐(PIP)'라고 한다. 레이어에서 미디어를 선택한 뒤, 작게 넣고 싶은 클립을 선택하면 화면이 뜬다. 이후 위치와 크기를 조절해 화면을 구성하면 된다. 본문 3장의 '여섯 번째 프로젝트, 우리 반 뉴스를 보도합니다!'에서 픽쳐 인 픽쳐 기법을 사용했다.

㉛ 편집을 다 마친 후에는 액션 바 공유하기로 동영상 파일을 생성할 수 있다.

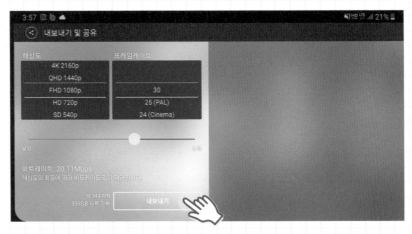

㉜ 원하는 해상도와 프레임레이트(1초당 사진 수)를 선택한 뒤, 내보내기를 선택하면 키네마스터 유료 버전에 대한 안내가 나타난다.

㉝ 건너뛰기를 누르면 무료로 사용이 가능하므로 꼭 결제할 필요는 없다. 대신 무료 사용 시에는 완성된 영상 우측 상단에 키네마스터 워터마크가 나타난다. 키네마스터 워터마크는 이 꼭지의 모든 스크린샷에서 확인 가능하다.

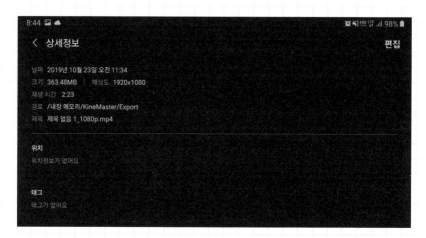

㉞ 완성된 영상은 갤러리에 Export 폴더에서 확인이 가능하다. 완성된 영상을 수정하고 싶다면 다시 ❹로 돌아가서 키네마스터 앱으로 프로젝트 파일을 다시 수정하고 내보내기 하면 된다.

도전하는 선생님들을 향한 응원

2019년 노화북초등학교 6학년, 우리 반 아이들의 에너지는 언제나 나를 뛰어넘는다. 이 에너지를 원동력으로 올해 프로젝트 수업 중심의 영상 제작뿐만 아니라 여러 활동을 했다. 최근에는 완도를 벗어나 광주로 1박 2일의 졸업여행도 다녀왔다. 졸업여행의 처음부터 끝까지, 아이들이 직접 장소와 숙박, 일정을 계획했다.

아이들은 초등학교 마지막 체험학습을 아주 알차게 채웠다. 대절버스 대신 시외버스를 이용함으로써 예산을 절약하고 방 탈출 카페, VR게임방, 롤러장 등 섬에서 체험하기 어려운 문화생활을 마음껏 즐겼다.

아무리 졸업여행이지만, 아이들에게 모두 맡기는 것은 너무 무모하지 않느냐고 처음에는 다들 말렸다. 하지만 나는 지난 1년간 함께하면서 우리 반 아이들에게 어른들이 생각하는 것 이상의 역량이 있음을 확인했기에 고민하거나 망설이지 않았다.

책을 펴내는 작업도 마찬가지였다. 내가 책을 써서 출판할 수 있으리라 생각한 주변 사람들은 얼마 되지 않았다. 물론 나 혼자만의 힘으로 이렇게 한 권의 책을 쓸 수 있었던 것은 아니다. 전라남도교육청과 전라남도교육연구정보원에서 지원해주셨고, 에듀니티 편집부에서도 많은 도움을 받았다. 물론 가장 큰 힘이 되었던 것은 언제나 작은 교실에서 함께 부대끼며 나와 기싸움하는 작은 친구들이다. 우리 반 아이들에게 올 한 해 정말 수고했고, 고맙다고 말하고 싶다.

막연히 책을 써보고 싶다는 생각은 있었지만, 무슨 주제로 어떤 내용을 채워야 할지에 대해서는 별생각이 없었다. 그러다 영상이라는 주제를 만나 이 책을 쓸 수 있었다. 책 내용이 처음 생각하던 방향과 많이 달라졌지만, 그 덕분에 나도 역량을 더욱더 끌어낼 수 있었던 것 같다. 그 과정이 순탄하지만은 않았지만 말이다. 힘든 나머지 스스로 원해서 시작한 일인데도 괜히 시작했나 고민스러운 순간도 있었다. 아마 누가 시켜서 한 일이었다면 이렇게 마무리하기 어려웠을 것이다.

책을 쓰면서 나의 지난날을 돌아볼 수 있었던 것도 개인적으로 의미 있었다. 교직을 시작한지 벌써 12년, 군대를 빼더라도 10년이다. 곧 마흔이 될 텐데, 그동안 내가 무슨 생각으로 어떻게 살아왔는지 점검할 수 있었다.

이 책의 수업과 영상은 정답이 아니다. 그냥 나는 이렇게 하고 있다고 보여드릴 뿐이다. 이 책을 읽은 초등 선생님들께 영상 제작뿐만 아니라 다른 일에도 '나도 겁 없이 도전해봐야겠다'는 용기를 드릴 수 있다면 정말 좋겠다.

나는 특출하거나 대단한 사람이 아니다. 그냥 평범한 초등 교사일 뿐이다. 나 역시 다른 사람들처럼 실패하기도 하고, 방향을 잃어 헤맨 적도 있다. 하지만 나는 결코 좌절했다고 포기하지 않았다. 이제껏 나는 실패에서 배우고, 다시 일어서는 용기라는 아주 큰 무기를 지닌 채 살아왔다.

누구나 항상 처음이 가장 어렵다. 첫 술에 배부른 사람은 많지 않을 것이다. 그러니 무엇이든 일단 시도해보고, 실패해도 다시 도전해보기를 바란다. 나는 노력하는 선생님들의 도전을 언제나 마음속으로 응원할 것이다.

끝으로 이 책이 나오기까지 응원해준 사랑하는 나의 아내 수연에게 사랑한다는 말을 전하고 싶다. 여러모로 나와 정반대지만, 그래서 더 사랑한다고 말이다.